Jesús de Nazaret:
La biografía definitiva del rebelde de Dios

COLECCIÓN
LEGADOS

En *Legados*, cada libro es un viaje íntimo al corazón de una existencia. Biografías reveladoras, memorias conmovedoras, diarios y autobiografías luminosas componen esta colección dedicada a quienes transformaron su tiempo y dejaron una marca indeleble en la historia, el arte, la ciencia o la vida cotidiana.

Aquí se reúnen las voces de quienes vivieron intensamente, pensaron con hondura, sintieron con verdad. Desde grandes personajes públicos hasta figuras anónimas con historias memorables, *Legados* celebra el poder de la experiencia humana cuando se convierte en palabra escrita.

Una colección para los que creen que cada vida bien contada es una lección de coraje, una chispa de inspiración y una forma de eternidad. Porque toda existencia humana merece ser contada. Y recordada.

ISMAEL MARTÍ

Jesús de Nazaret:

La biografía definitiva del rebelde de Dios

ALCARAZ
EDICIONES

© Alcaraz Ediciones, 2025

© Ismael Martí ,2025

© Mare Nostrum, 44

46420 – El Perelló
Sueca, Valencia
Teléf.: (+34) 910 46 54 33
e-mail: info@ alcarazediciones.es
https://alcarazediciones.es

I.S.B.N.: 979-13-87586-78-2

Diseño y maquetación: Iván García Molinero
Printed in Spain / Impreso en España

ÍNDICE

PRÓLOGO

¿Quién fue Jesús de Nazaret y por qué sigue desafiando al mundo?

A lo largo de más de veinte siglos, pocos nombres han despertado tanta admiración, conflicto, fe, escepticismo, amor y rechazo como el de Jesús de Nazaret. Su figura —al mismo tiempo histórica y mítica, humana y divina, marginal y universal— continúa interrogando a creyentes y no creyentes por igual. ¿Quién fue aquel predicador galileo que terminó ejecutado en una cruz romana? ¿Por qué su vida, aparentemente breve y periférica, en los márgenes del Imperio, sigue teniendo una resonancia tan poderosa en nuestro tiempo?

Jesús no dejó escritos propios. Todo lo que sabemos de él nos llega a través de textos ajenos: evangelios, cartas, crónicas, apologías y, en ocasiones, también silencios elocuentes. Sin embargo, su mensaje ha atravesado siglos y fronteras. Como escribió Albert Schweitzer en su célebre obra *La búsqueda del Jesús histórico*: "Cada época encuentra al Jesús que necesita; ninguno ha escapado de los anhelos de

11

su tiempo". Y sin embargo, hay un núcleo que permanece, una impronta que no se borra.

Jesús fue un judío del siglo I, nacido probablemente entre los años 6 y 4 a. C., en una región convulsa del mundo antiguo: Palestina, sometida entonces al yugo del Imperio romano. Pertenecía a un pueblo oprimido que esperaba la llegada de un Mesías liberador. No fue sacerdote, ni fariseo, ni escriba, sino un laico carismático, itinerante, que hablaba con autoridad propia, sanaba a los enfermos, acogía a marginados y proclamaba la llegada de un "Reino de Dios" que subvertía todos los órdenes conocidos.

Su predicación —de profundas raíces judías— contenía, sin embargo, una carga revolucionaria. "Bienaventurados los pobres", decía; "el que quiera ser el primero, que sea el servidor de todos". Jesús no propuso un sistema político, pero su mensaje desestabilizaba el poder religioso y político establecido. No organizó un ejército, pero fue ejecutado como un agitador peligroso. No fundó una nueva religión, pero su legado dio origen a una de las mayores transformaciones espirituales y culturales de la historia humana.

Las fuentes históricas extrabíblicas sobre Jesús de Nazaret son escasas pero no inexistentes. El historiador judío Flavio Josefo, en su *Antigüedades judías* (libro XVIII), hace mención a "Jesús, llamado el Cristo", y refiere su ejecución bajo el procurador Poncio Pilato. También el historiador romano Tácito, en los *Anales* (XV, 44), alude a la muerte de "Cristo" en tiempos de Tiberio. Aunque breves y discutidas en algunos pasajes, estas menciones corroboran que Jesús no es una invención literaria, sino un personaje real que dejó huella en su entorno.

A pesar de los siglos de dogmas, interpretaciones y usos ideológicos de su figura, hay algo en la vida de Jesús que resiste la apropiación absoluta. Fue un rebelde, pero no un insurgente. Fue un místico, pero no un asceta retirado. Amó profundamente la tradición judía, pero cuestionó sus rigideces. Habló de Dios con una cercanía desconcertante —"Abbá", papá—, pero también con una autoridad que escandalizaba a los guardianes de la ortodoxia.

Jesús sigue desafiando a la historia, la filosofía y la arqueología, porque encarna una tensión radical entre lo divino y lo humano, lo real y lo inventado. Como afirma el teólogo José Antonio Pagola: "La fuerza de Jesús está en su humanidad, no en su poder. En su compasión, no en su dogma. En su libertad frente a la ley, no en su sumisión a las instituciones religiosas". Su vida se convierte así en espejo, en pregunta, en provocación.

Este libro nace de una necesidad: mirar a Jesús con ojos nuevos, sin perder el respeto por la tradición, pero tampoco el derecho a interrogarla. No se trata de construir un relato definitivo —ninguno lo es—, sino de ofrecer una biografía razonada, rigurosa y honesta. Una biografía que se atreva a cruzar el umbral entre historia y fe, entre documento y experiencia, entre ciencia y misterio.

En tiempos de polarización y desencanto, de crisis espiritual y saturación de relatos, volver a Jesús no significa necesariamente volver a una Iglesia, ni siquiera a una religión. Significa, quizá, volver a escuchar a aquel hombre que dijo: "He venido para que tengan vida, y la tengan en abundancia". Y preguntarnos si aún es posible vivir según esa abundancia, no de posesiones, sino de sentido, de justicia, de compasión. Este es, por tanto, un retrato múltiple de Jesús: el marginado, el profeta, el maestro, el condenado, el resucitado para la fe de millones. Un retrato trazado desde las preguntas del presente, pero con el rigor que exige la historia y la apertura que demanda la espiritualidad. Un intento, en fin, de mirar cara a cara al rebelde de Dios.

Entre el mito y la historia

Todo intento serio de comprender a Jesús de Nazaret debe transitar por un terreno complejo: el que separa —o, mejor dicho, entrelaza— el mito y la historia. No hay figura en la Antigüedad que haya sido más interpretada, modelada y narrada que Jesús. Sus palabras y sus gestos han sido objeto de adoración, de crítica, de relecturas, de dogmas y de disputas. Y, sin embargo, en el fondo de todo ello, permanece la figura de un hombre concreto, con una biografía situada, que vivió en un contexto cultural, religioso y político específico.

Decía John Dominic Crossan, uno de los principales investigadores del Jesús histórico: "Mi punto de partida es sencillo: Jesús fue un judío mediterráneo del siglo I. Todo lo demás es interpretación". En esa premisa descansa buena parte de la investigación moderna: recuperar al Jesús de la historia, despojado —en la medida de lo posible— de las capas de teología acumuladas a lo largo de los siglos.

El mito, por su parte, no debe entenderse aquí como falsedad, sino como construcción simbólica. Jesús no solo fue un personaje histórico: también se convirtió, muy pronto, en un emblema poderoso. En las primeras décadas después de su muerte, sus seguidores comenzaron a reinterpretar su vida, su muerte y su resurrección a la luz de las Escrituras judías y de sus propias experiencias espirituales. De ahí nació el Cristo de la fe: el Hijo de Dios, el Salvador, el Verbo encarnado. Como escribió el exegeta francés Daniel Marguerat: "Jesús pertenece al pasado; Cristo, al presente de la fe".

Los evangelios canónicos —Marcos, Mateo, Lucas y Juan— son, en esencia, documentos teológicos. Fueron escritos no como biografías objetivas, sino como confesiones de fe. Cada uno con su propia voz, su énfasis, su comunidad de referencia. Marcos presenta a un Jesús misterioso y sufriente; Mateo lo retrata como el nuevo Moisés que cumple la Ley; Lucas lo muestra cercano a los pobres y excluidos; Juan lo eleva al plano místico: "En el principio era el Verbo... y el Verbo se hizo carne".

Sin embargo, también son fuentes históricas, en la medida en que recogen tradiciones orales muy tempranas y reflejan el impacto que Jesús causó en sus contemporáneos. El problema, como bien señala el historiador Geza Vermes, es que "el Cristo de la teología se superpuso al Jesús de la historia". Y separarlos —o al menos distinguirlos— exige un trabajo minucioso de crítica textual, análisis contextual y comprensión simbólica.

Los evangelios apócrifos, por su parte, nos muestran la vitalidad del mito. En ellos Jesús aparece realizando prodigios desde la infancia, dialogando con ángeles, descendiendo al infierno, revelando secretos esotéricos. Son textos que, aunque excluidos del canon bíblico, hablan del deseo profundo de conocer más, de rellenar los silencios de los evangelios oficiales. No pueden tomarse como documentos históricos en sentido estricto, pero revelan la riqueza del imaginario cristiano primitivo.

La investigación sobre el Jesús histórico, especialmente a partir del siglo XIX y con un nuevo impulso en el siglo XX, ha buscado devolverle al personaje su contexto: el judaísmo del Segundo Templo, la ocupación romana, la efervescencia apocalíptica, los movimientos proféticos, la resistencia social. Desde Renan hasta E.P. Sanders, desde Schweitzer hasta Bart D. Ehrman, se ha intentado reconstruir su figura con criterios de plausibilidad histórica. Y, sin embargo, la figura de Jesús no se deja atrapar del todo por la historia. Hay zonas de sombra, lagunas, contradicciones entre las fuentes. El propio Joseph Ratzinger —más allá de su rol papal— lo reconocía:

"Entre el Jesús de los historiadores y el Cristo de la fe existe una tensión que no puede resolverse del todo, pero sí iluminarse".

Quizá la clave esté en aceptar esa dualidad. Jesús fue, al mismo tiempo, un hombre de carne y hueso que caminó por Palestina, y un símbolo que ha inspirado a millones. Su historia no se agota en los archivos ni su mensaje puede reducirse a una construcción teológica. Como escribió el pensador español Raimon Panikkar: "Jesús no vino a fundar una religión, sino a mostrar un camino". Y ese camino sigue abierto, entre el mito que da sentido y la historia que exige precisión.

La urgencia de una nueva mirada

Hablar de Jesús hoy no es un ejercicio de piedad, sino de responsabilidad. En un mundo atravesado por la desinformación, el fanatismo, la banalización de lo sagrado y el uso ideológico de la religión, urge volver a mirar a Jesús con ojos abiertos, libres de prejuicios y de devociones automáticas. Como advertía el teólogo alemán Rudolf Bultmann: "No podemos usar la luz eléctrica y la radio, recurrir a medios médicos modernos... y al mismo tiempo creer en el mundo de los espíritus y los milagros del Nuevo Testamento como si nada hubiera cambiado".

Pero una nueva mirada no significa necesariamente desacralizar a Jesús ni reducirlo a un mero reformador social. Significa, más bien, recuperar la hondura de su mensaje, su radicalidad espiritual, su potencia ética. Jesús incomodó en su tiempo y sigue incomodando hoy porque no se deja domesticar por la razón o los datos. "Amad a vuestros enemigos", dijo. "Perdonad setenta veces siete". "El que esté sin pecado, que arroje la primera piedra". Son palabras que, si se toman en serio, no sirven para tranquilizar conciencias, sino para transformarlas.

La figura de Jesús ha sido utilizada para justificar imperios, cruzadas, inquisiciones, jerarquías, pero también para inspirar revoluciones no violentas, luchas por la justicia y caminos de reconciliación. Lo han reclamado por igual los conservadores y los progresistas, los teólogos dogmáticos y los místicos marginales, los predicadores populares y los filósofos críticos. Jesús, sin embargo, no pertenece a nadie. Su vida no fue una doctrina cerrada, sino una existencia entregada al Otro.

Frente a una imagen desdibujada por siglos de instituciones y liturgias, es urgente volver a Jesús como pregunta, como desafío, como voz que rompe esquemas. Lo decía el biblista francés André Paul: "Jesús no vino a consagrar el orden, sino a trastocar el orden establecido". No fue un moralista rígido, sino un hombre libre, profundamente humano, atravesado por la compasión y movido por una pasión por la justicia que le costó la vida.

En nuestra actualidad, cuando muchas iglesias enfrentan una crisis de credibilidad, y cuando para muchos el nombre de Jesús está más vinculado a estructuras de poder que a experiencias de liberación, reapropiarse de su figura se convierte en un acto necesario. No para idealizarlo, sino para comprenderlo en su complejidad. No para adorarlo sin crítica, sino para seguirlo con conciencia.

La investigación moderna ha mostrado que el Jesús de la historia fue más provocador que lo que muchas veces se ha enseñado desde los púlpitos. Se acercó a los excluidos, dialogó con mujeres, rompió las fronteras de lo puro e impuro, y anunció un Reino que no dependía del Templo ni de los poderosos. "El Reino de Dios está dentro de vosotros", proclamó. No era un mensaje místico abstracto, sino una declaración radical: el Reino comenzaba en la transformación interior y se expresaba en gestos concretos de amor, de denuncia, de hospitalidad.

La urgencia de una nueva mirada no es solo teológica o histórica, sino también existencial. En tiempos de nihilismo y desencanto, de violencia y soledad globalizada, la figura de Jesús puede recuperar su fuerza originaria si se le escucha sin filtros institucionales y sin los barnices del poder. A propósito, señaló el teólogo latinoamericano Jon Sobrino: "Jesús es la buena noticia para los pobres... pero es también la mala noticia para quienes se benefician de su pobreza".

Este libro, por tanto, no es una hagiografía ni un tratado dogmático. Es una búsqueda. Una exploración honesta que dialoga con la historia, con la arqueología, con la teología, con la filosofía y con el arte. Que reconoce lo que sabemos, pero también lo que no sabemos. Que se atreve a decir "no lo sabemos aún" cuando los datos lo exigen, y "esto interpela" cuando el mensaje sigue siendo punzante. Jesús de Nazaret sigue vivo, no solo en la fe de millones, sino en cada pregunta sincera que se formula sobre el sentido, la justicia, el perdón y el amor. Y mirar de nuevo su rostro —humano, dolorido, esperanzado— puede ser un acto profundamente revolucionario. Porque tal vez el mayor milagro de Jesús no fue caminar sobre las aguas, sino hacer que el ser humano mire al otro como hermano.

PRIMERA PARTE

EL TIEMPO Y EL LUGAR: UN MUNDO EN CONFLICTO

1. Galilea bajo Roma: Tierra de profetas y opresión

La historia no se entiende sin el paisaje que la vio acontecer. Jesús de Nazaret no vino al mundo en un vacío espiritual ni político, sino en una tierra sometida, doliente y expectante. Galilea, la región septentrional de Palestina donde transcurrió la mayor parte de su vida, era una encrucijada geográfica, cultural y religiosa, y también un barril de pólvora en constante amenaza de explosión. Bajo el dominio de Roma, Palestina era un territorio fragmentado, agitado por tensiones internas y violencias coloniales.

En tiempos de Jesús, Galilea estaba bajo el control de Herodes Antipas, uno de los hijos de Herodes el Grande, quien gobernaba como tetrarca bajo la vigilancia directa del Imperio Romano. Aunque nominalmente autónomo, Antipas era un vasallo de Roma. La Pax Romana era, para muchos galileos, una paz impuesta a punta de lanza y crucifixión. "Roban, matan, saquean y lo llaman imperio", denunciaba con amarga ironía el historiador Tácito al describir el dominio romano.

Nazaret, la aldea donde creció Jesús, ni siquiera era mencionada en los registros oficiales. Población marginal, sin poder político ni relevancia económica, apenas un punto perdido entre colinas. "¿De Nazaret puede salir algo bueno?", se pregunta Natanael en el Evangelio de Juan (1,46). La pregunta no es solo escéptica, sino profundamente reveladora del desprecio hacia los orígenes de aquel que habría de cambiar la historia.

Galilea era también tierra de migraciones internas, de campesinos empobrecidos, de jornaleros endeudados, de pescadores asfixiados por los impuestos. La desigualdad era brutal. Mientras las élites de Jerusalén —sacerdotes, saduceos, aristócratas— vivían en relativa comodidad bajo la sombra del Templo, las aldeas galileas sobrevivían entre abusos fiscales y explotación. La arqueología revela viviendas humildes, sin lujo, sin comodidades: muros de piedra sin labrar, pisos de tierra apisonada, herramientas agrícolas rudimentarias.

En este contexto, no es extraño que Galilea haya sido un caldo de cultivo para profetas, rebeldes y movimientos mesiánicos. El recuerdo de los macabeos, que se alzaron contra la dominación helenística en el siglo II a. C., seguía vivo. El anhelo de liberación estaba en el aire. Como señaló el historiador judío Geza Vermes: "los galileos eran vistos como fervorosos, nacionalistas, incluso fanáticos por sus hermanos del sur". No eran pocas las veces que el nombre de "Galilea" se asociaba al conflicto.

Jesús no fue el único en predicar en aquella tierra. Antes de él hubo otros, como Judas el Galileo, quien en el año 6 d. C. encabezó una revuelta contra el censo ordenado por el gobernador romano Quirino. Este acto marcó el nacimiento del movimiento zelote, radicalmente opuesto a cualquier forma de sumisión al imperio. Más tarde, surgirían otros líderes mesiánicos: Theudas, un visionario que prometía dividir el Jordán; o el "egipcio" que reunió miles de hombres en el desierto. Todos ellos fueron reprimidos con violencia.

En este escenario de efervescencia política y espiritual, Jesús emergió como una figura única. No llamó a las armas, pero habló de un Reino. No invocó la violencia, pero sí la conversión radical. Su anuncio del Reino de Dios —"ya está cerca", "está entre vosotros"— era profundamente subversivo. Porque ese Reino no respondía al poder de Roma ni al sacerdocio del Templo. Era un Reino sin ejércitos, sin fronteras, sin tributos; un Reino de justicia, compasión y liberación para los últimos.

El paisaje físico también moldeó su mensaje. Las colinas de Galilea, sus caminos polvorientos, los campos de trigo, las viñas, los olivares y los lagos no eran solo el decorado de su vida: eran el lenguaje de sus parábolas. "Un sembrador salió a sembrar…", "El Reino es como una red que recoge peces de toda clase…", "Mirad los lirios del campo…". En cada imagen, Jesús hablaba desde la experiencia concreta de un pueblo rural, empobrecido y profundamente religioso.

Religioso, sí, pero también cansado. El judaísmo del siglo I no era monolítico. Saduceos, fariseos, esenios y zelotes ofrecían respuestas distintas al problema del mal, del poder y del fin de los tiempos. El Templo de Jerusalén era el centro ritual, pero su legitimidad era discutida por muchos. Los fariseos predicaban una pureza legalista que marginaba a los impuros. Los esenios se retiraban al desierto esperando la intervención divina. Los zelotes conspiraban contra Roma. Jesús no se identificó plenamente con ninguno de estos grupos, aunque dialogó con todos y fue crítico con muchos.

La tierra donde nació y creció era, en suma, un espejo de los grandes conflictos de la época: religión y política, opresión y resistencia, fe y violencia, esperanza y desesperación. Galilea no fue un escenario neutro. Fue la cuna de un profeta que habló con voz propia y que vivió —como tantos de su pueblo— bajo la sombra del imperio y la promesa de una tierra nueva. Escribiría más tarde el evangelista Mateo al citar al profeta Isaías: "Tierra de Zabulón y tierra de Neftalí, camino del mar, al otro lado del Jordán, Galilea de los gentiles: el pueblo que habitaba en tinieblas vio una gran luz" (Mt 4,15–16). Esa luz comenzaba a brillar no desde el centro, sino desde la periferia. Desde una tierra de profetas y opresión.

2. Esperanzas mesiánicas: El pueblo que esperaba a un libertador

Pocas palabras concentran tanto anhelo y tanta ambigüedad como "Mesías". Para los judíos del siglo I, el mesías —en hebreo *mashíaj*, "ungido"— no era aún una figura divina, sino un líder esperado, un enviado de Dios que restauraría el orden justo, reuniría al pueblo disperso y derrotaría a los opresores. Era una promesa antigua, tejida en los textos sagrados, nutrida por la memoria de los profetas y avivada por el sufrimiento presente. "Los días vendrán —decía el profeta Jeremías— en que levantaré a David un germen justo, que reinará como rey y actuará sabiamente, practicando el derecho y la justicia en la tierra" (Jer 23,5).

En tiempos de Jesús, esa esperanza mesiánica estaba lejos de ser unívoca. Era más bien una constelación de expectativas, muchas veces contradictorias, pero todas orientadas hacia un mismo horizonte: la intervención definitiva de Dios en la historia. Como ha explicado el historiador E.P. Sanders: "El judaísmo del Segundo Templo no esperaba un salvador único y definido, sino la restauración de la alianza, la redención del pueblo y el castigo de los enemigos". La figura del mesías podía ser un rey, un guerrero, un sacerdote, un profeta, o incluso varios a la vez.

Las Escrituras ofrecían múltiples modelos. Algunos esperaban un nuevo David, un rey guerrero que derrotaría a Roma como David venció a los filisteos. Otros imaginaban un nuevo Moisés, capaz de liberar al pueblo con señales prodigiosas. Estaban quienes evocaban a Elías, el profeta que, según la tradición, debía volver antes del Día del Señor. Y también quienes creían en una figura más simbólica, más celeste, como el "Hijo del Hombre" del libro de Daniel: "Vi venir en las nubes del cielo a uno como un hijo de hombre... y le fue dado dominio, gloria y reino" (Dn 7,13–14).

El contexto político hacía arder estas expectativas. El pueblo judío vivía bajo una ocupación extranjera que no solo imponía tributos, sino que ofendía la identidad religiosa. El emperador era adorado como un dios en las provincias; y aunque Judea tenía ciertas concesiones, la humillación era constante. Las monedas llevaban inscripciones paganas, las legiones romanas portaban estandartes idolátricos, y los gobernadores no dudaban en reprimir cualquier brote de resistencia. No era raro que aparecieran "mesías", o al menos hombres que decían actuar en nombre de Dios. A todos ellos se les atribuía poder, liderazgo o señales sobrenaturales. A casi todos les esperaba el mismo destino: la cruz.

Dentro del judaísmo contemporáneo a Jesús, el grupo de los esenios —posiblemente los autores de los manuscritos del Mar Muerto— desarrolló una teología dual: esperaban a dos mesías, uno sacerdotal y otro real. En sus textos se habla del "Ungido de Aarón" y del "Ungido de Israel", lo que refleja la diversidad de interpretaciones incluso dentro de los sectores más místicos. Para ellos, el mesías no sería simplemente un libertador político, sino un purificador espiritual que restauraría la alianza y el culto verdadero.

Jesús, sin embargo, no se presentó como el mesías que muchos esperaban. No blandió una espada, no desafió a Roma con ejércitos, no se proclamó rey en sentido tradicional. Rechazó las tentaciones del poder —"Mi Reino no es de este mundo" (Jn 18,36)— y prefirió el camino de la mansedumbre y el anuncio del Reino como transformación interior y social. Sin embargo, no negó del todo su condición mesiánica. Cuando Pedro lo llama "el Mesías, el Hijo de Dios vivo", Jesús lo confirma, pero con una advertencia: que no lo diga a nadie (Mt 16,16–20). El mesianismo de Jesús es paradójico, incómodo, inclasificable. "El Hijo del Hombre tiene que padecer mucho", dirá después, subvirtiendo las expectativas triunfalistas.

Para muchos de sus contemporáneos, esta forma de mesianismo fue una decepción. Esperaban un libertador armado y encontraron a un predicador de la misericordia. Esperaban un juez y encontraron a un sanador. Esperaban victoria y encontraron cruz. De ahí la dificultad —y también el escándalo— que supuso reconocerlo como el enviado de Dios. Lo diría Pablo en su carta a los Corintios: "Nosotros predicamos a Cristo crucificado, escándalo para los judíos y necedad para los gentiles" (1 Cor 1,23).

Sin embargo, esa misma debilidad, ese rechazo del poder tradicional, abrió un nuevo horizonte. El mesías ya no era el vencedor por la fuerza, sino el que vence entregándose. No el que domina, sino el que sirve. Este giro teológico —que marcará toda la espiritualidad cristiana posterior y una nueva era en la historia humana— es incomprensible sin el marco de las esperanzas mesiánicas del siglo I. Jesús no nace en el vacío. Nace en el cruce de los deseos más profundos de un pueblo y los signos más inesperados de un Dios que se revela en lo impensable. Por eso, comprender el mesianismo de su tiempo no es un ejercicio académico estéril, sino una clave de lectura imprescindible. Jesús no destruyó la esperanza mesiánica: la transformó desde dentro. Y con ello abrió una grieta en la historia, una ruptura que sigue viva.

SEGUNDA PARTE

La infancia y los años ocultos

3. Nacimiento de un marginado

El nacimiento de Jesús es uno de los relatos más conocidos y, a la vez, más reconstruidos de toda la tradición cristiana. Se le representa en villancicos, pesebres, pinturas y liturgias como un acontecimiento tierno, casi idílico: la estrella que guía a los magos, los ángeles que cantan en el cielo, los pastores arrodillados en un establo iluminado por la fe. Sin embargo, detrás de esa imagen poética se esconde una realidad mucho más cruda, humana y marginal. Jesús nació en la periferia del poder, fuera del centro religioso y político de su tiempo, en condiciones que ya desde el principio lo ubicaban en los márgenes del mundo.

Los evangelios de Mateo y Lucas son los únicos que narran el nacimiento de Jesús, y lo hacen con marcadas diferencias. Mateo insiste en la figura de José, en el linaje davídico y en la amenaza de Herodes. Lucas, en cambio, centra su relato en María, el anuncio angelical y la dimensión popular del acontecimiento. Ambos coinciden en subrayar el carácter extraordinario del alumbramiento del excepcional niño, pero también en destacar su contexto de precariedad. Jesús nace en un lugar que no era el suyo, "porque no había sitio para ellos en la posada" (Lc 2,7). Desde el inicio, su vida se ve marcada por el rechazo, el desplazamiento y la fragilidad.

Desde el punto de vista histórico, es difícil establecer con precisión cuándo y dónde nació Jesús. La fecha tradicional del 25 de diciembre no tiene base sobre los textos más antiguos: fue una decisión litúrgica tomada siglos después, probablemente para cristianizar las fiestas paganas del solsticio. En cuanto al lugar, Belén es una afirmación teológica antes que geográfica: era necesario que el mesías naciera allí para cumplir la profecía de Miqueas —"Y tú, Belén de Efratá, aunque eres la más pequeña... de ti saldrá el que ha de gobernar a Israel" (Mi 5,1)—, pero todo indica que Jesús nació y creció en Nazaret, una aldea insignificante en la Galilea profunda.

Más allá de los detalles, lo significativo es el mensaje: Jesús no nace en el templo ni en un palacio, sino entre animales y pastores. Como señala el teólogo Leonardo Boff: "la Navidad cristiana no es el nacimiento de un príncipe, sino de un marginado. Dios entra en la historia por la puerta de los pobres". El pesebre no es un detalle folclórico: es un manifiesto teológico. El Dios encarnado aparece entre los que no cuentan, en los bordes del sistema.

El relato del nacimiento también refleja las tensiones políticas de la época. El evangelio de Lucas vincula el acontecimiento con un censo ordenado por César Augusto. Este detalle no es menor: el censo implicaba sometimiento, recuento de cuerpos para impuestos y control imperial. José y María son retratados como súbditos obligados a desplazarse por una decisión lejana, una burocracia que no considera los embarazos ni las penurias. El nacimiento de Jesús, así, se produce bajo los signos del poder romano, pero también en abierta contraposición con este. Frente al emperador que proclama la *pax romana*, nace un niño que será proclamado *Príncipe de la Paz*, pero de otra paz: la que nace del amor y no de la espada.

Los primeros en recibir la noticia del nacimiento no son sacerdotes ni sabios, sino pastores. En el mundo antiguo, los pastores eran considerados socialmente impuros, alejados del culto y sospechosos de conducta desordenada. Que ellos sean los primeros testigos del nacimiento de Jesús —"os ha nacido un Salvador" (Lc 2,11)— es una señal deliberada. El mensaje no va dirigido a los poderosos, sino a los humildes. La encarnación no se produce en los centros de poder, sino en las periferias existenciales.

También el relato de los magos, en Mateo, revela la inversión simbólica que atraviesa toda la infancia de Jesús. Hombres venidos de Oriente, extranjeros, intérpretes de estrellas, son quienes reconocen al niño como "Rey de los judíos" (Mt 2,2), mientras Herodes, el rey legítimo, lo ve como una amenaza. El niño provoca pánico en el palacio y adoración en los forasteros. El mesianismo de Jesús, desde la cuna, desestabiliza el orden establecido. Y finalmente, el episodio de la huida a Egipto, también en Mateo, recuerda las migraciones forzadas de tantos pueblos perseguidos. María, José y el niño huyen para salvar la vida. Jesús fue, literalmente, un refugiado político. No es casual que el evangelista cite el texto de Oseas: "De Egipto llamé a mi hijo" (Os 11,1). La historia de Jesús, como la del pueblo de Israel, comienza en la intemperie, en la amenaza, en el exilio.

Hablar del nacimiento de Jesús es, por tanto, mucho más que relatar una escena entrañable. Es abrir la puerta a una comprensión radical de la encarnación: Dios se hace carne no en lo admirable, sino en lo desechado. Como afirmará siglos más tarde el teólogo Karl Rahner: "Si la encarnación tiene sentido, entonces ha de comenzar en lo más hondo, allí donde el hombre está más solo y más abandonado".

Jesús nació, en definitiva, como uno de tantos. Sin privilegios, sin honores, sin garantías. Su nacimiento ya era un mensaje: que Dios elige lo pequeño para confundir lo grande, que el centro puede estar en la periferia, y que la historia de la salvación no empieza con tronos, sino con un pesebre.

4. El niño que se perdió en el templo

Entre los muchos silencios que rodean la infancia de Jesús, solo un relato rompe el mutismo de los evangelios: el episodio del niño perdido —o encontrado— en el Templo, narrado únicamente por el evangelista Lucas (2,41–52). Es un pasaje breve, casi anecdótico, pero cargado de significado. Es la primera y única escena que muestra a Jesús en acción durante sus años de crecimiento, y en ella se vislumbra ya el carácter extraordinario de quien será más tarde maestro, profeta y transgresor.

Jesús tiene doce años, una edad crucial en la tradición judía: la transición de la niñez a la responsabilidad moral, justo antes de la mayoría religiosa que comienza con el *bar mitzvá*. Es presentado no como un niño cualquiera, sino como alguien que ya posee una conciencia propia, una autonomía incipiente y una relación directa con el misterio de Dios. "¿No sabíais que debo ocuparme de los asuntos de mi Padre?", pregunta con naturalidad desconcertante (Lc 2,49). Es la primera vez que en labios de Jesús aparece la palabra "Padre" referida a Dios, y no es una fórmula convencional: es un vínculo íntimo, existencial.

La escena transcurre en Jerusalén, durante la fiesta de la Pascua. La familia ha subido desde Galilea, como hacían cada año miles de peregrinos. La ciudad, en plena celebración, se llenaba de rituales, sacrificios y enseñanza. Al finalizar la fiesta, María y José emprenden el regreso sin advertir que Jesús no va con ellos. Solo al cabo de un día de camino descubren su ausencia y vuelven angustiados a buscarlo. Lo hallan, tres días después, en el Templo, "sentado en medio de los doctores, escuchándolos y haciéndoles preguntas" (Lc 2,46). El tiempo —tres días— resuena simbólicamente: es el mismo que evocará más tarde su muerte y resurrección.

Este niño no se comporta como un hijo obediente según los cánones familiares. No avisa, no pide permiso, no se disculpa. Parece moverse con una certeza que desborda el esquema familiar. María, al encontrarlo, lo reprende con ternura y ansiedad: "Hijo, ¿por qué nos has hecho esto?" (Lc 2,48). Y Jesús responde con una frase enigmática: "¿No sabíais que debo estar en la casa de mi Padre?". El texto añade que sus padres "no comprendieron lo que les decía". Este no entendimiento —repetido varias veces a lo largo de los evangelios— anticipa el carácter misterioso de la misión de Jesús, incluso para los más cercanos a él.

El relato, aunque simple en apariencia, funciona como una bisagra entre la infancia silenciosa y la vida pública que vendrá años después. Ya aquí aparece el tono profético: Jesús no está en el lugar previsto, ni actúa según expectativas. La ruptura con la lógica doméstica es sutil, pero clara. Como señala el biblista Raymond E. Brown, "el episodio apunta a una conciencia vocacional precoz, pero sin caer en lo prodigioso ni lo sobrenatural: Jesús no hace milagros, pero su sabiduría asombra".

También el escenario es profundamente simbólico. El Templo no es solo un edificio: es el corazón espiritual de Israel, el lugar donde se manifestaba la presencia de Dios. Que Jesús, con solo doce años, se sienta allí a dialogar con los sabios, no como un discípulo pasivo sino como interlocutor, revela ya una autoridad distinta. "Todos los que lo oían estaban asombrados de su inteligencia y de sus respuestas" (Lc 2,47). No es una escena de precocidad intelectual infantil, sino de una lucidez espiritual anticipada.

La tradición cristiana ha leído este episodio como una epifanía de identidad. Jesús no se rebela contra sus padres, pero tampoco se somete del todo al rol de hijo. Se afirma, como alguien que tiene una misión que va más allá del hogar. Sin embargo, el relato concluye con un gesto de humildad: "Jesús bajó con ellos a Nazaret y vivía sujeto a ellos" (Lc 2,51). La obediencia no contradice la conciencia de misión: la integra. A lo largo de años de silencio —que los evangelios no narran—, Jesús seguirá creciendo "en sabiduría, en estatura y en gracia ante Dios y los hombres" (Lc 2,52).

Este episodio nos deja entrever una infancia sin adornos mágicos, pero profundamente reveladora. No hay prodigios, ni ángeles, ni portentos: hay una familia buscando a su hijo, y un adolescente en busca de su lugar en el mundo. Es un retrato profundamente humano. Ha escrito José Antonio Pagola: "No necesitamos imaginar un Jesús niño haciendo milagros para admirarlo; basta con saber que desde muy joven vivió con radicalidad su relación con el Padre".

El niño perdido en el Templo no estaba extraviado: estaba exactamente donde sentía que debía estar. Y quizá esa sea una de las claves más profundas de toda su vida: no moverse por obediencia ciega, sino por una convicción interna que desafiaba toda previsión. En esa fidelidad temprana a sí mismo y a su vocación, ya asomaba el rebelde de Dios.

TERCERA PARTE

El despertar de la misión

5. El bautismo: Una voz en el desierto

Toda biografía tiene un umbral. Un momento en que el silencio se rompe, la intimidad queda atrás y comienza la acción. Para Jesús de Nazaret ese umbral fue su bautismo en el río Jordán. No fue un rito doméstico ni una ceremonia privada. Fue un gesto público, deliberado, realizado ante la mirada atenta de un pueblo que buscaba signos de renovación. Fue también una decisión existencial: dejar atrás la seguridad de Nazaret y entregarse a un camino incierto, marcado por la predicación, la confrontación y, finalmente, la cruz.

El evangelio de Marcos, el más antiguo, abre su relato sin infancia ni genealogías. Comienza con Juan el Bautista y con estas palabras fulminantes: "Comienzo del Evangelio de Jesucristo, el Hijo de Dios" (Mc 1,1). Jesús aparece de pronto, sin adornos, buscando a Juan en el desierto. Ese desierto —espacio de prueba, silencio y revelación— es mucho más que un paisaje físico: es el escenario simbólico donde todo comienza.

Juan no era una figura menor. Hijo de sacerdote, había roto con el Templo y con los formalismos de Jerusalén. Predicaba en la ri-

49

bera oriental del Jordán, vestido con pieles de camello y alimentándose de langostas y miel silvestre (Mc 1,6), como un nuevo Elías. Su mensaje era austero y urgente: "Convertíos, porque el Reino de los Cielos está cerca" (Mt 3,2). Ofrecía un bautismo de penitencia, pero su voz resonaba como una denuncia: contra los poderosos, contra los hipócritas, contra los que se escudaban en la religión sin vivir la justicia. "¡Raza de víboras! ¿Quién os ha enseñado a huir del castigo inminente?" (Lc 3,7), gritaba sin miedo.

Que Jesús se acerque a Juan y se someta a su bautismo ha sido, desde siempre, un gesto enigmático. Si el bautismo era para la conversión, ¿por qué lo recibe aquel que luego será proclamado sin pecado? La respuesta no está en la necesidad, sino en la solidaridad. Jesús no se sitúa por encima del pueblo, sino en medio de él. Como señala el teólogo Edward Schillebeeckx: "El bautismo de Jesús no es un acto de arrepentimiento, sino de compromiso. Él se alinea con los pecadores, se identifica con los excluidos".

Los evangelistas, conscientes del desconcierto que producía esta escena, la enriquecen con elementos teofánicos: "Apenas salió del agua, vio rasgarse los cielos y al Espíritu bajar sobre él como una paloma. Y se oyó una voz: *Tú eres mi Hijo amado, en ti me complazco*"

(Mc 1,10–11). La voz del cielo no es sólo una declaración, sino una consagración. El mesías no es coronado en un templo, sino en un río. No por sacerdotes, sino por el Espíritu. No ante multitudes devotas, sino en soledad.

Este momento marca el inicio de su misión profética. El Espíritu —*ruah* en hebreo, que significa viento, aliento, fuerza— es el mismo que en el Génesis flotaba sobre las aguas y que inspiraba a los profetas. Jesús, al salir del río, se convierte en el nuevo portador de ese Espíritu. Ya no se trata sólo del hijo de José y María, el artesano de Nazaret, sino del ungido para anunciar una nueva creación.

La escena también tiene un fuerte contenido político y escatológico. Bautizarse en el Jordán evocaba el paso de los israelitas hacia la Tierra Prometida. Era, en cierto modo, un nuevo éxodo. Jesús se une a un movimiento que reclama una transformación radical: no sólo personal, sino colectiva. El Reino de Dios no es un concepto espiritual abstracto, sino un horizonte que desafía las estructuras injustas. "Jesús no fue el fundador de una nueva religión", escribió John P. Meier, "sino un judío profundamente reformista que entendía su misión en clave escatológica".

El encuentro con Juan también pone en evidencia la humildad de Jesús. No comienza su vida pública con milagros, ni con discursos, ni con demostraciones de poder. Comienza haciendo fila con los demás, entre penitentes, sin títulos ni privilegios. Se pone en las manos de otro. Acepta ser bautizado por un profeta del desierto, alguien sin cargo institucional, pero con una autoridad ética arrolladora.

Poco después, Juan será arrestado por denunciar los abusos del tetrarca Herodes Antipas. Su voz será silenciada, su cabeza entregada en una bandeja. Jesús, entonces, sabrá que el precio de la verdad es alto. Pero no retrocederá. "Después que Juan fue arrestado, Jesús se marchó a Galilea y proclamaba el Evangelio de Dios" (Mc 1,14). Es como si la antorcha hubiera pasado de una mano a otra. La voz que gritaba en el desierto da paso a otra: más suave, pero no menos incendiaria.

El bautismo, en definitiva, no es un gesto aislado. Es el punto de partida de una vocación que se desarrollará en el conflicto, en la compasión y en la cruz. Recuerda Karl Rahner: "En el Jordán, Jesús se entrega del todo a la voluntad del Padre, asume el destino del mundo, y comienza su descenso hacia el abismo humano, para que allí resplandezca la gracia". Una voz clamaba en el desierto. Jesús la escuchó. Y desde ese día, no volvió a ser el mismo. Tampoco lo fue el mundo.

6. Tentación en el desierto: El alma en conflicto

Todo iniciado, antes de hablar con autoridad, debe atravesar la noche del alma. En el caso de Jesús, esa noche tuvo lugar en el desierto, inmediatamente después de su bautismo. El evangelio de Marcos lo dice con crudeza: "Enseguida el Espíritu lo empujó al desierto" (Mc 1,12). No fue un retiro voluntario, sino un envío. La misma fuerza que lo ungió en el Jordán lo conduce ahora a un lugar árido, inhóspito, símbolo del despojo y la prueba. Los evangelios sinópticos —Mateo, Marcos y Lucas— recogen este episodio, aunque con variaciones. Marcos apenas da pinceladas: cuarenta días, las fieras, los ángeles, Satanás. Mateo y Lucas desarrollan el relato con tres tentaciones concretas, ricas en simbolismo. Pero todos coinciden en que este retiro no es meramente geográfico, sino espiritual. El desierto es el escenario donde se libra una batalla invisible: entre la fidelidad y la seducción del poder, entre la obediencia y el ego, entre el Reino de Dios y los reinos del mundo.

Jesús ayuna durante cuarenta días, como Moisés en el Sinaí y como Elías en el Horeb. El número cuarenta en la tradición bíblica alude siempre a un tiempo de purificación, de tránsito, de preparación. El hambre que siente no es solo corporal: es también una metáfora del vacío humano, de la vulnerabilidad radical. "Si eres Hijo de Dios, di que estas piedras se conviertan en pan" (Mt 4,3), le dice el tentador. La primera prueba es la del hambre, pero también la del poder sobre lo material. Jesús responde con palabras de la Escritura: "No sólo de pan vive el hombre, sino de toda palabra que sale de la boca de Dios" (Dt 8,3). El cuerpo pide sustento, pero el alma exige fidelidad.

La segunda tentación —según Mateo— lo lleva al pináculo del Templo. Satanás cita las Escrituras: "Tírate abajo, porque está escrito: a sus ángeles te encomendará" (Sal 91). Es la trampa de la espectacularidad, del mesías milagrero, del Dios al servicio del ego. Pero Jesús rechaza convertir su misión en un espectáculo de fe: "No tentarás al Señor tu Dios" (Dt 6,16). El verdadero mesías no se impone por asombro, sino por verdad interior.

La tercera tentación es quizá la más inquietante: "Te daré todos los reinos del mundo si te postras y me adoras" (Mt 4,9). Es la oferta del poder político, del dominio absoluto, del mesianismo imperial. Pero Jesús no se deja seducir: "Al Señor tu Dios adorarás y sólo a él darás culto" (Dt 6,13). Es aquí donde se revela la radicalidad de su elección: renuncia a la vía del dominio y abraza la del servicio.

Este relato, profundamente literario y simbólico, no debe leerse como una crónica literal, sino como una representación teológica de un conflicto interior. Jesús, recién afirmado como "Hijo amado", debe ahora decidir qué tipo de hijo será. No basta con escuchar la voz del cielo: hay que confrontar las voces interiores que ofrecen atajos, privilegios y poder. La prueba en el desierto es, en palabras de Henri Nouwen, "el lugar donde el yo falso muere para que pueda nacer el yo verdadero".

El tentador, lejos de ser una figura caricaturesca, representa las fuerzas reales que siempre acechan a los líderes espirituales: la manipulación de lo sagrado, la instrumentalización de la religión, la búsqueda de eficacia en lugar de fidelidad. Jesús se enfrenta a esas tentaciones sin testigos, sin seguidores, sin respaldo. Y las vence no con milagros, sino con la Palabra. No es un exorcismo exterior, sino una victoria interior.

La presencia de "las fieras" (Mc 1,13) y de "los ángeles que lo servían" sugiere una tensión cósmica: la creación entera está implicada en esta lucha. En el desierto, Jesús se reconcilia con la naturaleza y resiste a lo que en ella hay de hostil. Es una escena de soledad, pero también de comunión profunda con lo esencial.

Este paso por el desierto no es solo una experiencia fundante, sino una constante en la vida de Jesús. Más adelante, volverá al desierto para orar, para llorar, para discernir. Su vocación no fue forjada en la aclamación popular, sino en el silencio del despojo. Lo resume magistralmente Dietrich Bonhoeffer: "Cuando Dios llama a un hombre, lo llama a morir".

La tentación en el desierto, por tanto, no es una excepción en la vida de Jesús, sino su punto de partida. Marca su identidad como mesías humilde, libre del poder, fiel al Padre. En esa soledad ardiente comienza la misión: no la de un conquistador, sino la de un servidor. No la de un ilusionista, sino la de un testigo. Y desde ese momento, todo su camino será coherente con aquella elección radical hecha entre el polvo y las piedras. El alma en conflicto eligió el camino estrecho.

CUARTA PARTE

7. El anuncio del Reino: Palabras que incendiaban

Es sabido que Jesús no dejó libros escritos, ni códigos jurídicos, ni manifiestos políticos. Su legado fue oral, inmediato, vivo. Caminaba por aldeas, cruzaba pueblos, hablaba en las sinagogas y en las plazas, compartía la mesa con extraños. Su palabra no era fría ni neutra: era fuego. "He venido a traer fuego a la tierra —dirá más tarde—, ¡y cuánto deseo que ya esté ardiendo!" (Lc 12,49). Esa llama era el Reino de Dios, núcleo ardiente de toda su predicación.

Los evangelistas coinciden en que el primer anuncio público de Jesús comienza así: "El tiempo se ha cumplido y el Reino de Dios está cerca; convertíos y creed en la Buena Noticia" (Mc 1,15). No se trata de un mensaje religioso en sentido convencional, sino de una declaración cargada de tensión profética y apocalíptica. En ese contexto, hablar del "Reino de Dios" era hablar de un giro absoluto en la historia, una irrupción divina que pondría fin a la injusticia, restauraría la creación y colocaría a los últimos en primer lugar.

Jesús no definió el Reino de Dios con exactitud teórica; lo describió mediante parábolas: comparaciones breves, a veces desconcertantes, que apelaban a la vida cotidiana. "El Reino de Dios se parece a un grano de mostaza... a una red que recoge peces... a una mujer que pone levadura en la masa..." (cf. Mt 13). En estas imágenes se revela una lógica distinta: lo pequeño tiene potencial transformador, lo oculto es más decisivo que lo visible, lo humilde contiene una fuerza imparable.

Pero el Reino no era sólo una imagen poética. Era también una denuncia. En el mundo de Jesús, gobernaban otros poderes: Roma con sus legiones, Herodes con su corte, el Sanedrín con sus leyes, los ricos con sus posesiones. Proclamar que "otro Reino" está irrumpiendo equivalía a subvertir esos dominios. "Nadie puede servir a dos señores —decía Jesús—: no podéis servir a Dios y al dinero" (Mt 6,24). Su palabra era radical: no ofrecía una espiritualidad evasiva, sino una conversión integral.

La noción de *basileia tou theou* (Reino de Dios) está en el centro de su mensaje, pero es un término abierto. No remite a un territorio físico ni a una institución. No es un régimen político al uso. Es una forma nueva de relación entre Dios y los seres humanos, que transforma la sociedad desde dentro. Como afirma el teólogo Joachim Jeremías: "el Reino de Dios no es sólo futuro, es ya presente en las palabras y gestos de Jesús; comienza donde se rompe el pecado, donde el enfermo es curado, donde el marginado es acogido".

Cada vez que Jesús curaba a un ciego, perdonaba a una prostituta, comía con publicanos o tocaba a un leproso, el Reino se hacía presente. No como dogma, sino como experiencia. No como ley, sino como gesto. Por eso su anuncio tenía una potencia transformadora: no hablaba de ideas, hablaba de vidas cambiadas. "Hoy ha llegado la salvación a esta casa", dijo en la morada de Zaqueo (Lc 19,9), no porque Zaqueo hubiera repetido una fórmula, sino porque devolvía lo robado y rompía con su pasado.

El Reino, en palabras de Jesús, no se imponía con violencia. "Mi Reino no es de este mundo" (Jn 18,36) no significa que no esté en este mundo, sino que no sigue su lógica: no se basa sobre la fuerza, sino en la compasión; no busca dominio, sino servicio. Es una revolución sin espadas, pero no sin conflicto. Porque el mensaje de Jesús no fue inofensivo. Fue incómodo, provocador, incendiario.

La radicalidad del Reino exigía decisiones concretas. "El que quiera venir en pos de mí, que se niegue a sí mismo, cargue con su cruz y me siga" (Mc 8,34). No era una invitación a la resignación pasiva, sino a una vida nueva, orientada por la justicia, el perdón, la misericordia. "Bienaventurados los pobres, los que lloran, los mansos, los que tienen hambre y sed de justicia" (Mt 5,3–6): esta era la nueva constitución del Reino.

Los poderosos pronto comprendieron el peligro. Jesús no llamaba a la rebelión armada, pero su mensaje socavaba los cimientos del orden establecido. Decir que los publicanos y las prostitutas precederían a los fariseos en el Reino (Mt 21,31) era una afrenta intolerable. La religión oficial se sentía desafiada. La política imperial, amenazada. Y el pueblo, expectante.

A menudo se ha intentado domesticar este mensaje, reduciéndolo a espiritualidad interior o moral privada. Pero Jesús no hablaba en abstracto. Hablaba a campesinos empobrecidos, a jornaleros endeudados, a mujeres sin derechos, a enfermos excluidos. Su Reino no era solo celestial: era profundamente terrestre. Escribió el teólogo Óscar Romero: "El Reino de Dios es ya entre nosotros cuando la justicia florece, cuando el pobre es mirado a los ojos, cuando la verdad no teme al poder". Porque las palabras de Jesús eran, en su momento, dinamita teológica. Anunciaban un mundo nuevo en medio del viejo. Y como toda palabra verdadera, no buscaban complacer, sino despertar. "El Reino de Dios no vendrá con signos espectaculares... porque el Reino de Dios está entre vosotros" (Lc 17,20–21). Estaba allí, en el corazón de quien escuchaba. Y sigue estando.

8. El sanador que rompía las normas

Jesús fue muchas cosas: predicador, profeta, maestro. Pero ante los ojos del pueblo de su tiempo, fue ante todo un sanador. Lo buscaban los enfermos, los lisiados, los endemoniados, los ciegos, los marginados. Su fama no se extendía solo por sus palabras, sino por su poder de tocar lo intocable y restaurar lo que se creía irremediablemente perdido. Sin embargo, sus curaciones no eran solo gestos de compasión: eran, en el contexto del judaísmo del siglo I, actos de ruptura. Cada sanación de Jesús era una transgresión.

Los evangelios están repletos de relatos de curaciones: un ciego que ve, una mujer que deja de sangrar, un paralítico que se pone en pie, un leproso que queda limpio, un niño que revive. Pero más allá del carácter prodigioso, lo notable es la manera en que Jesús sanaba: sin miedo a contaminarse, sin respeto a las prescripciones legales, sin temor al qué dirán. Tocaba a los leprosos, conversaba con mujeres impuras, curaba en sábado. Y con cada uno de esos gestos, desafiaba el sistema religioso centrado en la pureza.

En el judaísmo de la época, la enfermedad no era sólo una condición médica: era un signo de impureza ritual. El enfermo era considerado, en muchos casos, pecador o castigado por Dios. La Ley —entendida como *toráh* y también como sistema oral— regulaba quién podía acercarse al Templo, quién era puro o impuro, quién estaba dentro o fuera del pacto. Curar a un leproso, por ejemplo, no era solo devolverle la salud, sino restituirle su lugar en la comunidad. Era reinsertarlo en el cuerpo social. Era, en términos teológicos, una forma de salvación.

Jesús no exigía sacrificios ni rituales previos. No pedía méritos ni explicaciones. Curaba movido por la compasión. "Jesús, ten compasión de mí", clamaban los que se le acercaban (Mc 10,47). Y su respuesta era inmediata. A menudo, no sólo sanaba, sino que perdonaba: "Tus pecados te son perdonados" (Mc 2,5). Esta fórmula provocaba escándalo: solo Dios podía perdonar. Pero Jesús lo hacía con una libertad desconcertante, sin intermediarios. No necesitaba templo ni sacerdote. Bastaba su palabra.

Uno de los gestos más significativos fue la curación del paralítico que descolgaron por el techo. Ante la mirada de los presentes —muchos de ellos fariseos y doctores de la ley—, Jesús no comienza curándolo, sino diciendo: "Tus pecados te son perdonados". Al leer sus pensamientos, les responde: "¿Qué es más fácil decir: Tus pecados te son perdonados, o: Levántate, toma tu camilla y anda?" (Mc 2,9). En un solo acto, cuestiona el sistema sacrificial, relativiza el poder del templo y se proclama portador de autoridad divina. Esos gestos, más que los milagros en sí, sellaron su destino.

Sanar en sábado era otro de los gestos provocadores. La Ley prohibía trabajar ese día, y las curaciones eran interpretadas por algunos como una violación de esa norma. Sin embargo, Jesús respondía con preguntas que desenmascaraban la rigidez legalista: "¿Está permitido en sábado hacer el bien o el mal, salvar una vida o destruirla?" (Mc 3,4). Su ética no era la de la letra, sino la del corazón. La ley estaba hecha para el ser humano, no el ser humano para la ley (cf. Mc 2,27). Esa afirmación no era solo radical: era revolucionaria.

Una de las sanaciones más simbólicas es la de la mujer encorvada (Lc 13,10–17). Jesús la ve, la llama, le impone las manos y la endereza. Ella "se enderezó al instante y glorificaba a Dios". Pero el jefe de la sinagoga, indignado porque era sábado, reprende a la multitud. Jesús lo enfrenta: "¿No desatáis vosotros a vuestro buey o a vuestro asno del pesebre en sábado? ¿Y a esta hija de Abraham no se le podía liberar de su enfermedad?" (Lc 13,15–16). En ese momento no sólo cura un cuerpo, sino que libera una conciencia. Transforma la mirada. Invierte las prioridades.

Jesús también sanaba a los endemoniados, en una época donde la frontera entre enfermedad mental y posesión era difusa. En el relato del endemoniado de Gerasa (Mc 5), el hombre vive entre tumbas, atado con cadenas, fuera de toda comunidad. Jesús expulsa a los demonios —"Legión"— y devuelve al hombre a su dignidad. El milagro es, también, una metáfora política: una "legión" romana se disuelve en un abismo. Y el hombre vuelve a sí mismo, vestido y en su juicio. No es solo un exorcismo: es una restauración humana y social.

En suma, cada curación de Jesús fue una ruptura. Una denuncia contra un sistema que excluía a los débiles, una relectura de la Ley desde la misericordia, una proclamación silenciosa de que Dios no habita en la exclusión, sino en la compasión. Según el teólogo Gustavo Gutiérrez: "Jesús no vino solo a salvar almas, sino a sanar heridas. La salud que él da es integral: toca el cuerpo, la historia, la dignidad".

Sanar, para Jesús, no fue un espectáculo ni una estrategia de popularidad. Fue una forma de mostrar que el Reino ya estaba entre nosotros. Un Reino donde el ciego ve, el cojo camina, y la marginada se convierte en hija. Un Reino que no se establece por decreto, sino por gestos concretos de liberación. Y esos gestos eran, en sí mismos, palabras que incendiaban.

9. Comensal de pecadores: El rebelde que amaba

Si hay una imagen que atraviesa todos los evangelios con fuerza simbólica y escandalosa es la de Jesús sentado a la mesa con los "pecadores". No en el templo, no en la sinagoga, no en el palacio de los sabios, sino en las casas de publicanos, prostitutas, pescadores, campesinos y extranjeros. Comía con ellos, bebía con ellos, los miraba sin juicio y compartía el pan como quien establece un pacto.

En el mundo del judaísmo del siglo I, donde la comida marcaba fronteras entre lo puro y lo impuro, Jesús hizo de la mesa un lugar de revelación. Su amor era concreto, encarnado, cotidiano. Y por eso era revolucionario.

Comer con alguien no era un gesto trivial. En el contexto semítico, la mesa implicaba comunión, alianza, aceptación mutua. Invitar o aceptar una comida era reconocerse como parte del mismo tejido humano. Y, sin embargo, Jesús rompía las fronteras de lo aceptable: se sentaba con quienes estaban fuera del sistema religioso, con los despreciados, los sospechosos, los "pecadores" públicos. "¿Por qué come con publicanos y pecadores?", preguntaban escandalizados los fariseos (Mc 2,16). Y su respuesta fue tan desconcertante como certera: "No necesitan médico los sanos, sino los enfermos. No he venido a llamar a justos, sino a pecadores" (Mc 2,17).

Jesús no exigía conversión previa ni pureza moral. No ponía condiciones. Amaba primero, y dejaba que el amor hiciera su trabajo. A diferencia de los doctores de la Ley, que establecían distancias para protegerse de la impureza ritual, Jesús se acercaba para tocar, abrazar, comer, dignificar, humanizar. Su ética no era defensiva, sino proactiva. Su santidad no era separación, sino compasión activa.

Afirmó el teólogo Jean Vanier: "Jesús no vino a fundar una élite espiritual, sino a revelar el corazón de Dios en una mesa compartida".

Una de las escenas más reveladoras es la llamada de Leví, también conocido como Mateo, un recaudador de impuestos —oficio detestado por colaborar con el imperio romano—. Jesús lo ve en su mesa de recaudación y le dice: "Sígueme" (Mc 2,14). Y Leví lo hace. Lo más llamativo es lo que sucede a continuación: Jesús entra en su casa y come con él y con muchos otros como él. No le exige nada antes de entrar. Su sola presencia en la mesa ya es una declaración: la misericordia precede al juicio.

Otra escena clave es la que narra Lucas en casa de Simón el fariseo (Lc 7,36–50). Una mujer conocida en el pueblo como "pecadora" irrumpe en la cena, unge los pies de Jesús con perfume y los seca con su cabello. Simón, escandalizado, murmura. Jesús lo interpela con una parábola y termina diciendo: "A quien mucho se le perdona, mucho ama". No hay en esa mujer teología ni doctrina, pero hay ternura, gesto, audacia. Jesús no la reprende. Al contrario: la convierte en modelo de fe. Amar, para Jesús, no era un mandamiento frío, sino una experiencia liberadora.

Incluso la elección de sus discípulos muestra esta preferencia por los márgenes. Entre ellos hay pescadores sin formación, un recaudador de impuestos, un zelote. No eran los doctos ni los influyentes. Afirma el evangelio: "Te alabo, Padre, Señor del cielo y de la tierra, porque has ocultado estas cosas a los sabios y entendidos, y las has revelado a los pequeños" (Mt 11,25).

La mesa de Jesús era también un anticipo del Reino. Muchas de sus parábolas giran en torno a banquetes, bodas, cenas. El Reino de Dios es comparado con un festín al que todos están invitados, especialmente los que nadie invita: los pobres, los lisiados, los ciegos, los que no tienen con qué devolver (cf. Lc 14,12–14). La comida no es solo contexto: es mensaje. Es teología del cuerpo, de la fraternidad, de la gracia sin mérito. En palabras del biblista José Antonio Pagola: "Jesús no fundó una religión del sacrificio, sino una comunidad del pan compartido".

Esta forma de amar comiendo lo enfrentó con los guardianes del orden religioso. Para ellos, Jesús era un glotón y un borracho, amigo de publicanos y pecadores (cf. Mt 11,19). Pero él aceptó esa imagen, porque en ella se revelaba lo esencial de su misión. No vino a imponer cargas, sino a liberar corazones. No vino a condenar, sino a curar. Y lo hacía en lo concreto: con vino, con pan, con aceite, con manos, con miradas.

El acto de comer con los marginados no era sólo gesto pastoral, era acto político y profético. Desafiaba la lógica sacrificial del templo, relativizaba las jerarquías religiosas y mostraba que la santidad verdadera no consiste en separarse del otro, sino en acercarse con amor. Por eso Jesús fue visto como una amenaza. Porque su amor era peligroso. Porque en su mesa no había tronos ni méritos, solo hambre y gracia. Y en esa mesa, una y otra vez, el rebelde de Dios mostró su rostro más humano. Amó comiendo. Perdonó con vino. Y preparó, sin decirlo aún, la última cena.

QUINTA PARTE

El desafío a Jerusalén

10. Subida a Jerusalén: El principio del fin

Toda historia tiene un punto de no retorno. Para Jesús de Nazaret ese momento fue su entrada a Jerusalén. Sabía lo que significaba. La ciudad santa no era solo el corazón religioso de Israel, sino también el centro del poder político, del legalismo más férreo, del conflicto entre esperanza mesiánica y miedo al desorden. Subir a Jerusalén era, para un profeta itinerante y carismático, firmar su sentencia. Y, sin embargo, lo hizo. No con sigilo, sino con un gesto deliberado que combinaba valentía, dramatismo y una profunda conciencia simbólica.

Los evangelistas relatan con detalle esa subida, conscientes de su carga profética. Jesús no entra como un guerrero, ni como un sacerdote, ni como un dignatario. Entra montado en un asno, cumpliendo el oráculo de Zacarías: "¡Alégrate, hija de Sión! Mira a tu rey que viene a ti, justo y victorioso, humilde y montado en un pollino, hijo de asna" (Zac 9,9). El gesto no era ingenuo. En la tradición bíblica, el asno era montura de paz, contrapunto al caballo de guerra. Jesús elige el camino de la mansedumbre, pero lo hace con una intención provocadora: se presenta como rey mesiánico, pero subvirtiendo toda expectativa de poder. No desafía a Roma con espadas, sino con símbolos. No lanza proclamas violentas, pero sí realiza una entrada que incomoda al orden establecido.

La multitud lo aclama con entusiasmo: "¡Hosanna al Hijo de David! ¡Bendito el que viene en nombre del Señor!" (Mt 21,9). Las palmas, los mantos en el suelo, los gritos mesiánicos: todo parece una coronación popular. Pero bajo la euforia se esconde la ambigüedad. ¿Quién es este que entra sin ejército, que predica el amor al enemigo, que bendice a los perseguidos? Muchos esperaban un libertador. Encontraron a un hombre que hablaba del Reino de los cielos. Y la decepción estaba sembrada.

Los evangelios colocan, inmediatamente después de la entrada triunfal, un acto simbólicamente explosivo: la purificación del Templo. Jesús, al llegar, no se dirige al palacio de Herodes ni al cuartel romano. Va al Templo y allí vuelca las mesas de los cambistas, denuncia el comercio del culto, proclama: "Mi casa será llamada casa de oración, pero vosotros la habéis convertido en una cueva de bandidos" (Mt 21,13).

Este gesto no era simplemente una denuncia ética. Era una declaración escatológica. Al atacar el sistema del Templo, Jesús desafiaba el corazón del judaísmo oficial. No cuestionaba la fe de su pueblo, sino la corrupción de su institucionalización. No rechazaba la Ley, pero sí su interpretación excluyente. Y sobre todo, señalaba con gestos que el verdadero culto no dependía ya de sacrificios ni de piedras, sino de la misericordia vivida. "Destruid este templo —dirá más tarde— y en tres días lo levantaré" (Jn 2,19). Aquellas palabras serían su condena.

La tensión crece. Jesús enseña en el Templo, confronta a fariseos, saduceos, herodianos. No rehúye la polémica. Con parábolas agudas denuncia la hipocresía, el formalismo, la dureza de corazón. "¡Ay de vosotros, escribas y fariseos hipócritas!", clama en un discurso que es al mismo tiempo juicio y lamento (cf. Mt 23). Pero también llora por Jerusalén: "¡Cuántas veces quise reunir a tus hijos como la gallina a sus polluelos bajo las alas, y no quisiste!" (Mt 23,37).

Este Jesús que ama y denuncia, que acaricia y provoca, está ya caminando hacia su final. Lo sabe. Y no se esconde. Anuncia su muerte con claridad a los discípulos, aunque ellos no comprendan. "El Hijo del Hombre va a ser entregado, condenado, escarnecido y crucificado" (Mc 10,33–34). No hay dramatismo forzado, pero sí una lucidez serena. La cruz no será un accidente: es consecuencia de su forma de vivir, de su fidelidad al Reino, de su amor incondicional.

Subir a Jerusalén fue, para Jesús, mucho más que un viaje físico. Fue un acto profético de entrega. Una marcha silenciosa hacia el conflicto inevitable. Una afirmación de su identidad no violenta frente al poder opresor. En su mansedumbre se oculta una fuerza imparable. Dirá el teólogo Jon Sobrino: "Jesús se enfrentó al mal no con odio, sino con la verdad. Y por eso fue rechazado. El amor radical incomoda más que el odio violento".

Este capítulo marca el inicio del fin. El viento ha cambiado. Los días de Galilea quedan atrás. Ahora todo se dirige hacia el Gólgota. Y sin embargo, en esta subida a Jerusalén, Jesús no se presenta como una víctima, sino como alguien que ha elegido amar hasta el extremo. Sin reservas. Sin miedos. Con la ternura de quien sabe que no hay mayor rebelión que el amor que no se deja corromper.

11. Última Cena: El pan partido y la traición

La noche estaba cargada de presagios. Era tiempo de Pascua, la gran fiesta de la liberación. Las casas de Jerusalén hervían de visitantes, los peregrinos llenaban las calles, y el recuerdo del éxodo de Egipto —la salida de la esclavitud hacia la tierra prometida— resonaba en los salmos y en la memoria colectiva del pueblo. Fue en ese contexto que Jesús celebró su última cena. No fue una cena más, ni siquiera solo un gesto ritual: fue un testamento de amor, una despedida estremecedora, un acto subversivo donde pan y vino se transformaron en signo de cuerpo entregado y sangre derramada.

Los evangelistas —especialmente Marcos, Mateo y Lucas— presentan la escena como una cena pascual, aunque con elementos que rompen el molde tradicional. Jesús se sienta a la mesa con los Doce, en una casa prestada, y pronuncia palabras que nadie había escuchado hasta entonces. Toma el pan, lo parte y dice: "Esto es mi cuerpo, que se entrega por vosotros" (Lc 22,19). Luego toma el cáliz: "Esta es mi sangre de la alianza, que se derrama por muchos" (Mc 14,24). Palabras que anticipan la cruz. Palabras que transforman una comida en un acto sacramental. Palabras que, aún hoy, siguen pronunciándose en millones de altares.

Pero no se trata solo de liturgia. En ese gesto, Jesús resignifica el pan —símbolo de sustento— y el vino —símbolo de alegría— para hablar de sí mismo. No entrega oro ni poder, sino su propia vida. No deja doctrinas cerradas, sino una mesa abierta. Como ha dicho el teólogo Leonardo Boff: "La Eucaristía es la revolución más silenciosa y poderosa de la historia: transforma la lógica del mundo desde un pan que se parte y se reparte".

La cena está atravesada por una tensión insoportable. Jesús sabe que será traicionado, y no lo oculta. "Uno de vosotros me va a entregar" (Jn 13,21). No lo dice con ira, sino con tristeza. La comunidad más cercana se resquebraja en el momento más íntimo. Judas está allí, sentado a la mesa, compartiendo el mismo pan. Y sin embargo, su corazón ya ha abandonado el camino. "Lo que vas a hacer, hazlo pronto" (Jn 13,27), le dice Jesús. No lo expulsa. No lo condena. Le habla con un tono que mezcla dolor y libertad.

El gesto de partir el pan está en el centro de la escena. No es un símbolo de abundancia, sino de entrega. Partir implica romper, desgarrar, compartir hasta lo último. Jesús no se guarda nada. Se da por completo. Y anticipa, en ese gesto, lo que ocurrirá al día siguiente: su cuerpo colgado, su sangre derramada, su amor llevado hasta el extremo.

También Pedro está presente, con su fervor y su fragilidad. "Aunque todos te abandonen, yo no te abandonaré" (Mc 14,29), dice. Jesús, con la lucidez del que ama sin ilusiones, le responde: "Antes de que cante el gallo, me habrás negado tres veces" (Mc 14,30). En esa predicción no hay condena, sino una amarga verdad. La traición no será solo de Judas. El miedo alcanzará a todos. La cruz no tendrá testigos valientes, sino amigos dispersos.

Sin embargo, Jesús no retira su confianza. Parte el pan sabiendo que lo traicionarán. Ofrece el vino sabiendo que lo abandonarán. Su amor no se basa sobre la fidelidad del otro, sino en su decisión de amar hasta el fin. "Habiendo amado a los suyos que estaban en el mundo, los amó hasta el extremo" (Jn 13,1). La Última Cena no es solo una despedida: es un acto profético, un signo de que la lógica del Reino sigue viva, incluso cuando la muerte se aproxima.

El evangelio de Juan, que no relata la institución eucarística como los sinópticos, ofrece un gesto paralelo: el lavatorio de los pies. Jesús, el Maestro y el Señor, se ciñe la toalla y lava los pies de sus discípulos, tarea propia de esclavos. Luego les dice: "¿Comprendéis lo que he hecho con vosotros?... Os he dado ejemplo para que hagáis lo mismo" (Jn 13,12–15). Aquí se revela el corazón de su misión: no el poder que sube, sino el amor que se abaja.

La cena termina con un canto y una marcha hacia el Huerto de los Olivos. La noche ha comenzado, y con ella la pasión. Pero Jesús ha sembrado una semilla: una comunidad unida no por la fuerza, sino por el pan compartido; no por el mérito, sino por el perdón; no por el miedo, sino por el amor.

La Última Cena es, en definitiva, el acto fundacional de la Iglesia entendida como fraternidad, como comunión de vulnerables, como mesa donde nadie queda fuera. Y es también un espejo: en ella se revela lo mejor y lo peor del corazón humano. El pan partido convive con la traición. La promesa, con el abandono. Pero en medio de esa fragilidad, brilla la fidelidad de Jesús, que no retira su amor ni ante la traición. Señalaría el poeta y teólogo Christian Bobin: "Jesús parte el pan como quien parte su corazón. Y aún partido, sigue amando".

12. El juicio: El silencio del acusado

La noche era espesa y los corazones, aún más turbios. Tras la cena y la oración en el huerto, Jesús fue arrestado por un grupo de hombres armados enviados por las autoridades del Templo. Judas, el discípulo que compartía mesa, fue también quien lo señaló con un beso, gesto de afecto convertido en emblema de traición. Comenzaba así la secuencia de uno de los juicios más controvertidos y debatidos de la historia.

El proceso contra Jesús fue, en realidad, una cadena de interrogatorios más que un juicio único. Se le condujo primero ante las autoridades religiosas —Anás y Caifás, sumos sacerdotes de aquel año—, y luego ante el poder político romano, representado por Poncio Pilato, gobernador de Judea. La mezcla de legalidad, simbolismo y arbitrariedad convierte este episodio en un drama teológico, jurídico y profundamente humano.

Los evangelios presentan al Sanedrín —el consejo supremo judío— reunido de noche, algo inusual según las normas judías. La acusación: blasfemia. Según el relato de Marcos, el sumo sacerdote le pregunta directamente: "¿Eres tú el Cristo, el Hijo del Bendito?" Jesús responde con palabras enigmáticas: "Yo soy. Y veréis al Hijo del Hombre sentado a la diestra del Poder y viniendo en las nubes del cielo" (Mc 14,61–62).

Esta afirmación es vista como una declaración intolerable. El sumo sacerdote rasga sus vestiduras —gesto extremo de escándalo— y sentencia: "¿Qué necesidad tenemos ya de testigos?".

Aquí Jesús rompe su silencio. Pero en la mayoría de los pasajes, su actitud es de asombrosa contención. No se defiende. No clama su inocencia. No se enreda en disputas jurídicas. Cumple la profecía de Isaías: "Maltratado, humillado, no abrió la boca; como cordero llevado al matadero" (Is 53,7). Este silencio no es pasividad, sino una forma de resistencia. Un modo de no entrar en el juego del poder. Un gesto de profunda libertad frente a quienes creían tenerla.

Tras la condena religiosa, Jesús es llevado ante Pilato. El problema ahora no es teológico, sino político. Roma no ejecutaba por blasfemia. Se necesitaba otra acusación: sedición. Jesús es presentado como "rey de los judíos", es decir, como aspirante a liderazgo mesiánico frente al César. Pilato, al interrogarlo, lanza una de las preguntas más célebres del relato: "¿Eres tú el rey de los judíos?" (Jn 18,33). Jesús responde con otra pregunta, una contrainterrogación que desarma: "¿Dices eso por ti mismo, o porque otros te lo han dicho de mí?" Y más adelante añade: "Mi Reino no es de este mundo" (Jn 18,36).

Estas palabras han sido interpretadas de múltiples maneras. Algunos las ven como prueba de que Jesús no buscaba el poder político. Otros, como una declaración ambigua que en realidad es profundamente política: un reino no de este mundo, pero para transformar este mundo. En cualquier caso, Pilato se encuentra ante un dilema. No halla en Jesús motivo de condena, pero teme una revuelta. "¿Qué es la verdad?", le pregunta enigmáticamente a Jesús, sin esperar respuesta (Jn 18,38). En esa interpelación cínica resuena toda la tensión entre poder y verdad, entre razón de Estado y conciencia.

Finalmente, Pilato cede a la presión del populacho, instigado por los sacerdotes. Ofrece soltar a Jesús o a Barrabás, un rebelde condenado. El pueblo elige a Barrabás. Jesús es flagelado, humillado, coronado de espinas. Pilato lava sus manos, símbolo de su ambigüedad moral. "Soy inocente de la sangre de este justo", dice (Mt 27,24). Pero su gesto no borra la culpa de haber preferido la conveniencia a la justicia.

Lo paradójico del juicio de Jesús es que él es quien parece juzgar a sus jueces. Su silencio, su dignidad, su lucidez desarman a todos. Como señaló Albert Schweitzer: "Jesús no fue vencido por sus enemigos; fue incomprendido por sus amigos". El acusado, en su quietud, revela la falsedad del sistema judicial y religioso que lo condena. No se presenta como víctima impotente, sino como testigo de una verdad más honda que la ley.

El juicio a Jesús no termina en su sentencia. Continúa en la historia. Cada generación, cada sociedad, vuelve a interrogarlo y a ser interrogada por él. ¿Quién es este que calla ante el poder? ¿Qué nos dice hoy su modo de afrontar la injusticia? ¿Qué hacemos nosotros ante los nuevos inocentes condenados? A propósito, escribió el teólogo Romano Guardini: "En el juicio de Jesús no se juzga solo a un hombre, sino a toda la humanidad".

13. El Gólgota: Muerte de un condenado

La colina tenía un nombre de calavera: Gólgota. Era un lugar fuera de los muros de Jerusalén, junto al camino, donde Roma ejecutaba a los condenados. No era un sitio apartado, sino un espectáculo público, ejemplarizante. La cruz no era solo muerte, era escarnio: el suplicio reservado a los esclavos, rebeldes y extranjeros. Era la forma romana de decir: "Así mueren los que se enfrentan al poder del Imperio".

Jesús fue conducido allí tras una noche de torturas, humillaciones y silencios. Llevaba, según los relatos, una corona de espinas, una túnica ensangrentada, y la espalda lacerada por los flagelos. El evangelio de Juan lo muestra así ante la multitud:

"He aquí al hombre" (Jn 19,5), dice Pilato. Es el eco de una humanidad desgarrada, doliente, despojada de todo poder.

El camino hacia la cruz, la "Vía Dolorosa", no fue breve. Jesús cae, es ayudado por un tal Simón de Cirene, encuentra a mujeres que lloran por él. Lucas recoge sus palabras: "No lloréis por mí, llorad por vosotras y por vuestros hijos" (Lc 23,28). Aún en medio del suplicio, Jesús sigue pensando en los demás. Su muerte no es solo un final, sino un mensaje vivo.

Una vez en el Gólgota, lo crucifican entre dos malhechores. El evangelista Marcos, sobrio y directo, dice simplemente: "Le crucificaron" (Mc 15,25). No hay detalles escabrosos, pero los lectores sabían lo que significaba. El dolor físico de la crucifixión era indescriptible, prolongado, insoportable. Pero aún más humillante era su significado simbólico:

morir desnudo, a la vista de todos, como un maldito de Dios.

"Maldito el que cuelga de un madero", dice el Deuteronomio (Dt 21,23). Así fue la muerte del Mesías.

Los evangelios registran siete frases de Jesús en la cruz. Son pocas, pero cada una condensa un universo. En Lucas, destaca su súplica: "Padre, perdónalos, porque no saben lo que hacen" (Lc 23,34). Y más adelante, su promesa al ladrón arrepentido:

"Hoy estarás conmigo en el Paraíso" (Lc 23,43). En Marcos y Mateo, sin embargo, se recoge el grito más desgarrador: "Dios mío, Dios mío, ¿por qué me has abandonado?" (Mc 15,34). Es el comienzo del salmo 22, y expresa la angustia de quien se siente solo ante la muerte.

Este grito ha estremecido a creyentes y escépticos durante siglos. ¿Es una muestra de desesperación? ¿O una cita deliberada que, al evocar el salmo completo, termina en confianza? La exégesis moderna ha debatido mucho al respecto. Lo cierto es que, en ese clamor, Jesús no muere con serenidad estoica ni con distancia divina. Muere como un hombre quebrado, fiel hasta el final. Su dolor no es fingido. Su sufrimiento, real. Como escribió Dietrich Bonhoeffer, mártir del nazismo: "Solo el Dios que sufre puede salvar".

La cruz revela el fracaso a los ojos del mundo, pero también el triunfo de una lógica distinta. Jesús no contraataca, no convoca legiones celestiales, no maldice. Muere perdonando, abrazando su destino. Su debilidad se convierte en fuerza. Su entrega, en semilla de un movimiento que trastornará imperios. Cuando Jesús expira —"Todo está cumplido" (Jn 19,30)—, Marcos dice que el velo del templo se rasgó en dos, de arriba abajo. Un símbolo poderoso: el acceso a lo sagrado ya no está mediado por templos, castas o sacrificios. Dios ha salido al encuentro del ser humano en la carne crucificada de un marginado.

El centurión romano, testigo del suplicio, pronuncia una frase inesperada:

"Verdaderamente este hombre era Hijo de Dios" (Mc 15,39). No lo dice un apóstol, ni un sacerdote, ni un discípulo. Lo dice un extranjero, un pagano, un soldado. Quizá porque solo desde fuera se ve con claridad lo que dentro se ha oscurecido por el miedo.

Jesús muere antes del anochecer. No le quiebran las piernas —como era costumbre— porque ya está muerto. Un soldado le atraviesa el costado con una lanza, y brota "sangre y agua", símbolo que Juan asocia con los sacramentos, pero también con la humanidad radical de aquel cuerpo roto.

José de Arimatea, miembro del Sanedrín pero simpatizante secreto, pide el cuerpo. Lo deposita en un sepulcro nuevo, tallado en roca. Las mujeres —las fieles, las últimas en marcharse y las primeras en volver— observan dónde lo ponen. Luego, el sábado impone el silencio.

La muerte ha llegado. El Maestro está en la tumba. Todo parece terminado. Pero en ese silencio sepulcral, en esa oscuridad de roca y dudas, comienza el rumor de algo que aún nadie se atreve a imaginar. Escribió el poeta inglés George Herbert: "La muerte encontró a alguien más fuerte que ella y quedó vencida por su propia herramienta".

14. La tumba vacía: Entre la fe y el desconcierto

El tercer día, al amanecer, algo ocurrió. La tumba donde había sido colocado el cuerpo de Jesús fue hallada vacía. Así comienza el capítulo más desconcertante y debatido del cristianismo. No hay testigos del instante preciso de la resurrección, solo hay un silencio roto por la sorpresa, el miedo y la fe de quienes encontraron la piedra removida.

Los cuatro evangelios coinciden en que las primeras en llegar fueron mujeres: María Magdalena, María la madre de Jacobo, Salomé y otras, según la versión. Este detalle —las mujeres como testigos principales— es significativo. En el mundo judío del siglo I, el testimonio femenino carecía de validez legal. Si el relato fuese una invención posterior, difícilmente habría comenzado así. Como ha señalado el historiador N. T. Wright: "La única explicación plausible del protagonismo de las mujeres es que realmente estuvieron allí".

La tumba vacía no fue, en sí misma, una prueba irrefutable. Para muchos, lo primero que generó fue desconcierto. El evangelio de Lucas narra que, al oír el relato de las mujeres, los discípulos pensaron que era "un delirio" (Lc 24,11). Pedro y Juan corren al sepulcro; hallan las vendas, pero no al cuerpo. El cuerpo ausente no produce fe automática: produce preguntas.

Los evangelistas describen apariciones posteriores: Jesús resucitado se deja ver, comer, tocar. Se aparece a María Magdalena —que al principio lo confunde con un jardinero—, a los discípulos de Emaús —a quienes solo se revela al partir el pan—, al grupo reunido en Jerusalén, y más tarde, según Pablo, a más de quinientas personas a la vez (1 Co

15,6). Pero estas apariciones no son espectaculares ni grandiosas. Jesús aparece en gestos cotidianos, en conversaciones, en la intimidad del pan compartido. No irrumpe con resplandores de gloria, sino con la ternura de lo conocido: "¡María!" —le dice a Magdalena— y ella le responde: "Rabbuní" (Jn 20,16).

La fe pascual no nace de una prueba empírica, sino del encuentro. De un reconocimiento. Señaló Joseph Ratzinger: "El Señor resucitado no pertenece al mundo visible en el mismo sentido que antes de la cruz, sino que inaugura un nuevo modo de presencia". Pero ¿cómo interpretar la tumba vacía desde el punto de vista histórico? ¿Es posible, como pretenden algunos estudiosos, separar la "experiencia pascual" del hecho físico de la resurrección? Los exegetas han ofrecido múltiples hipótesis: robo del cuerpo, error de sepulcro, alucinaciones colectivas, simbolismo teológico… Sin embargo, ninguna explicación alternativa ha logrado disipar la potencia del relato. Como observó el historiador E.P. Sanders, no sospechoso de credulidad: "Los discípulos vieron a Jesús después de su muerte. No sabemos cómo, pero que lo vieron es lo que generó el cristianismo".

Lo que sí sabemos con certeza es que algo transformó radicalmente a aquel grupo de seguidores abatidos. Los mismos que huyeron por miedo durante la pasión, pronto comenzaron a predicar que Jesús había vencido a la muerte. Su mensaje no era que el Maestro vivía en sus corazones, sino que *estaba vivo*, de forma real y misteriosa. El cristianismo no se construyó sobre una idea, sino sobre una experiencia.

La tumba vacía se convierte, entonces, en signo y en símbolo. Signo de que el cuerpo no fue hallado. Símbolo de que la muerte no tiene la última palabra. No es un argumento concluyente, pero tampoco puede descartarse como un mito cualquiera. Los primeros cristianos no tenían necesidad de inventar una resurrección corporal; al contrario, esa idea era escandalosa para judíos y ridícula para griegos. Pero insistieron en ella. Y murieron por ella.

El desconcierto, por tanto, es parte esencial del relato. No hay claridad inmediata. El Resucitado no se impone: se deja encontrar. Explica el teólogo Karl Rahner:

"La fe en la resurrección no nace del asombro ante lo extraordinario, sino de la certeza interior de que el amor de Dios no puede quedar sepultado".

¿Y hoy? ¿Qué hacemos nosotros ante esa tumba vacía? Algunos la visitan como un lugar arqueológico, otros como peregrinos de esperanza. En ambos casos, es un espacio que interpela. No nos da respuestas cerradas, pero sí una pregunta: ¿y si fuera verdad? Porque si aquel cuerpo crucificado no fue vencido por la muerte, entonces todo cambia. Como escribió san Pablo: "Si Cristo no resucitó, vana es nuestra fe" (1 Co 15,17). Pero si resucitó —como lo creyeron sus discípulos, como lo proclaman millones aún hoy—, entonces la historia no está cerrada. Ni la muerte es el fin.

15. El cristianismo naciente: De secta marginal a fe universal

Cuando Jesús murió en la cruz, lo más probable era que su memoria se desvaneciera con el tiempo, como la de tantos otros profetas, mesías autoproclamados y agitadores religiosos que pululaban en la Palestina del siglo I. A ojos del Imperio romano, había sido una ejecución más. A ojos de las autoridades religiosas, un alborotador eliminado. Incluso para muchos de sus propios seguidores, su muerte fue un escándalo y un fracaso. Y sin embargo, ocurrió lo impensable: aquel movimiento no solo no se disolvió, sino que cobró una fuerza inesperada.

En sus inicios, el cristianismo fue poco más que una secta judía marginal, nacida en los márgenes del judaísmo palestino, sin sinagogas propias, sin textos fundacionales más allá de las escrituras hebreas leídas a la luz del mensaje de Jesús. Los primeros cristianos seguían yendo al Templo, oraban en hebreo, circuncidaban a sus hijos. No se consideraban parte de una nueva religión, sino herederos del Mesías prometido.

Fue la experiencia pascual —el anuncio de la resurrección— lo que dio cohesión a ese grupo disperso. La proclamación de que Jesús había vencido a la muerte se convirtió en el eje de su fe. Como escribiría Pablo pocos años después: "Si Cristo no resucitó, vana es nuestra predicación" (1 Co 15,14). El cristianismo no nació de una doctrina, sino de un acontecimiento: algo había ocurrido que transformó radicalmente a un puñado de discípulos asustados en misioneros ardientes.

Uno de los grandes impulsores de esta expansión fue el propio Pablo de Tarso. Judío fariseo, ciudadano romano y perseguidor de cristianos, Pablo tuvo una experiencia mística en el camino a Damasco que alteró el curso de su vida y del cristianismo. Desde entonces, dedicó sus días a anunciar a Jesús como el *Cristo universal,* no solo para judíos, sino también para paganos. Escribió: "Ya no hay judío ni griego, esclavo ni libre, hombre ni mujer, porque todos vosotros sois uno en Cristo Jesús" (Gál 3,28).

Este fue un salto teológico y cultural radical. Mientras que otras sectas mesiánicas fracasaban al no trascender su contexto local, el cristianismo, gracias a Pablo y otros misioneros itinerantes, se abrió al mundo grecorromano. Habló en griego, usó conceptos filosóficos de la época, adaptó sus formas de culto. No traicionó su raíz judía, pero la reinterpretó en clave universal.

La vida cristiana se organizaba en comunidades pequeñas, que se reunían en casas particulares para la oración, la lectura de las escrituras, la eucaristía y la ayuda mutua. El escándalo de la cruz fue asumido como signo de salvación. La debilidad del crucificado se convirtió en fuerza transformadora. Dice Tertuliano, uno de los primeros teólogos latinos: "La sangre de los mártires es semilla de cristianos".

Durante los tres primeros siglos, el cristianismo se desarrolló en la clandestinidad, bajo persecuciones esporádicas pero intensas. Fue considerado una superstición peligrosa, una amenaza al orden imperial, sobre todo por su negativa a rendir culto al emperador. Sin embargo, esa debilidad aparente se tornó en potencia espiritual: el mensaje de amor, perdón y esperanza en la vida eterna conquistó almas incluso en las mazmorras.

En el año 313, con el Edicto de Milán, el emperador Constantino otorgó libertad de culto a los cristianos. En 380, con el Edicto de Tesalónica, el cristianismo pasó de ser una religión perseguida a ser la religión oficial del Imperio romano. Fue un giro histórico sin precedentes: la cruz pasó de ser instrumento de ejecución a símbolo imperial.

Pero esta institucionalización tuvo consecuencias ambivalentes. Por un lado, permitió una expansión sin precedentes: surgieron templos, jerarquías, concilios y una producción teológica riquísima. Por otro, supuso una creciente alianza entre fe y poder, que algunos consideraron una traición al espíritu evangélico. El cristianismo, que había nacido como una voz profética en los márgenes, ahora hablaba desde los palacios.

Y, sin embargo, el mensaje del Nazareno no desapareció bajo los ornamentos. Su recuerdo continuó desafiando a cada generación. Desde las catacumbas de Roma hasta los claustros de Cluny, desde las cruzadas medievales hasta las teologías de la liberación, Jesús fue reinterpretado una y otra vez. No siempre fielmente, no siempre sin violencia, pero nunca de forma indiferente.

El cristianismo naciente fue un fenómeno históricamente improbable, teológicamente revolucionario y culturalmente transformador. Que un condenado a muerte por sedición religiosa, ejecutado en la periferia de un imperio, haya llegado a ser reconocido como Dios encarnado por millones de personas es un enigma que sigue desafiando a la historia. Escribió el filósofo alemán Ernst Renan: "Jesús será eterno en cuanto fundamento de la religión universal. Su religión, sin milagros, sin dogmas, será la religión eterna de la humanidad".

Quizá el secreto de su permanencia radique no en el poder que llegó a adquirir su Iglesia, sino en el eco inextinguible de su voz, que aún hoy sigue preguntando a cada generación: "¿Y tú, quién dices que soy yo?" (Mt 16,15).

16. Jesús en la historia y el arte: Rostros del rebelde de Dios

"¿Quién fue Jesús?" es una pregunta histórica; "¿cómo lo imaginamos?" es una pregunta cultural. A lo largo de más de veinte siglos, Jesús de Nazaret ha sido representado de formas tan diversas como contradictorias. Ha sido el buen pastor de las catacumbas, el Pantocrátor bizantino, el Cristo sufriente del Gólgota, el místico romántico, el revolucionario político y el salvador divino. Cada época, cada cultura, cada sensibilidad espiritual ha esculpido su propio rostro de Cristo.

Los evangelios canónicos no ofrecen una descripción física de Jesús. No se menciona el color de sus ojos, la forma de su cabello ni la complexión de su cuerpo. Esta ausencia ha dado lugar a un fenómeno único: el rostro de Jesús ha sido construido por la imaginación colectiva. Desde los primeros siglos del cristianismo, el arte y la teología comenzaron a suplir ese vacío.

El rostro del mártir: de las catacumbas al Imperio

En los primeros siglos, bajo persecución, los cristianos representaban a Jesús de forma simbólica: el pez (ΙΧΘΥΣ), el buen pastor cargando una oveja, el ancla de la esperanza. En las catacumbas de Roma apenas se vislumbra un rostro humano: se temía el culto a las imágenes, pero también se protegía una fe perseguida.

Con la legalización del cristianismo, el arte cristiano cobró esplendor. En Bizancio,

Jesús aparece por primera vez como Pantocrátor, el Cristo todopoderoso, con rostro serio, majestuoso, de mirada penetrante y túnica dorada. En esta representación, como afirma Jaroslav Pelikan: "el Cristo bizantino no era el cordero sufriente, sino el juez soberano".

En el arte medieval occidental, Jesús se convirtió en el hombre de dolores. Las esculturas góticas y las tablas flamencas acentuaron su humanidad sufriente: la sangre, las llagas, la corona de espinas. Era el Cristo que compartía el dolor de los fieles en una Europa azotada por guerras y pestes.

Jesús en la modernidad: entre el ideal y la protesta

El Renacimiento humanizó el rostro de Jesús. Leonardo da Vinci, en su célebre *Última Cena*, le dio a Cristo un aura de serenidad y luz. Miguel Ángel, en la *Piedad*, lo mostró bello incluso en la muerte. El siglo XVII lo exaltó como redentor misericordioso; el XVIII, como maestro de moral; y el XIX, como símbolo del alma universal.

Sin embargo, con la modernidad llegaron también las reinterpretaciones críticas. En el siglo XIX, Ernest Renan publicó *La vida de Jesús* (1863), donde presentaba al nazareno como un soñador dulce y trágico, un "galileo encantador" que creía en el Reino de Dios pero fue vencido por la historia. Renan escribió: "Jesús no fue un teólogo, fue un poeta y un héroe moral".

En contraste, autores como Tolstói o Schweitzer vieron en él al reformador radical que desafió las estructuras del poder religioso. En el siglo XX, figuras como Martin Luther King Jr. o Ernesto Cardenal lo invocaron como inspiración profética de la justicia social. En América Latina, la Teología de la Liberación lo presentó como el Jesús de los pobres, el que "murió crucificado por el sistema", en palabras del teólogo Jon Sobrino.

El rostro plural del arte contemporáneo

En la era contemporánea, Jesús ha sido reinterpretado en clave simbólica, política, mística, incluso provocadora. Cineastas como Pier Paolo Pasolini (*El Evangelio según San Mateo*, 1964) lo mostraron como un revolucionario ascético; otros, como Scorsese (*La última tentación de Cristo*, 1988), exploraron sus dilemas humanos. En la literatura, Jesús aparece en las visiones poéticas de Fernando Pessoa, los ensayos de Borges, la narrativa de Saramago o la teología existencial de Paul Tillich.

Incluso fuera del ámbito cristiano, su figura sigue siendo central. El teólogo musulmán Tariq Ramadan escribió: "Jesús es también nuestro profeta: lo reconocemos como maestro y ejemplo de entrega a Dios".

Pero junto a estas representaciones eruditas, el Jesús popular nunca ha dejado de florecer: en retablos de pueblos indígenas, en grafitis urbanos, en canciones de fe y protesta. En ellos, Jesús no es un concepto, sino un rostro familiar: el Dios cercano que camina con los que sufren.

Un espejo del alma humana

¿Por qué Jesús sigue generando tantas imágenes, tantas miradas? Porque no es solo un personaje del pasado, sino un símbolo abierto. En cada rostro representado, hay un intento de responder a la pregunta esencial: ¿quién fue este hombre? Y, quizá más profundamente, ¿quién es para mí? Como escribió el teólogo Hans Küng: "Jesús no vino a fundar una religión, sino a abrir un camino".

Y ese camino, encarnado en miles de rostros artísticos e históricos, sigue cruzando culturas, creencias y lenguajes. Jesús no tiene un único rostro. Tiene todos. Es el Dios hecho hombre… y el hombre que reveló a Dios.

17. ¿Resucitó o no?: Análisis histórico, arqueológico y teológico

Ningún otro acontecimiento ha tenido un impacto tan duradero y profundo en la historia de la humanidad como la proclamación de la resurrección de Jesús. Y, sin embargo, ninguna otra afirmación ha sido tan discutida, cuestionada o reinterpretada. Para los primeros cristianos, era la piedra angular de su fe; para muchos escépticos modernos, una construcción mítica nacida del deseo, la desesperación o la manipulación. ¿Qué hay, entonces, de histórico, de verificable, de creíble en ese anuncio que transformó el mundo?

El testimonio de los evangelios

Los cuatro evangelios canónicos coinciden en afirmar que Jesús fue sepultado y que, al tercer día, la tumba estaba vacía. También coinciden en otro aspecto crucial: las primeras en recibir la noticia de la resurrección fueron mujeres, especialmente María Magdalena, una figura central en los relatos pascuales. En una cultura patriarcal donde el testimonio femenino carecía de valor legal, esta elección narrativa resulta altamente significativa. Subraya N. T. Wright: "Nadie que quisiera inventar una historia convincente en el siglo I habría elegido a mujeres como primeras testigos".

Pero los relatos difieren en muchos detalles: ¿fue un ángel, dos, o Jesús mismo quien habló? ¿Estaban las mujeres solas o acompañadas? ¿Dónde y cuándo ocurrieron las apariciones? Estas divergencias han sido vistas por algunos críticos como prueba de invención, y por otros como indicio de relatos independientes que conservan un núcleo común.

Los evangelios no describen la resurrección en sí —nadie la ve ocurrir—, sino sus consecuencias: un sepulcro vacío y testimonios de encuentros posteriores. Este hecho narrativo es clave: no se presenta como un espectáculo sobrenatural, sino como un misterio revelado a quienes creen.

Las cartas paulinas y los relatos posteriores

Antes de los evangelios escritos, ya circulaban tradiciones orales y epístolas que mencionaban la resurrección. La más antigua es la Primera Carta a los Corintios, escrita por Pablo hacia el año 55 d.C., apenas dos décadas después de la muerte de Jesús. Allí afirma: "Os transmití lo que a mi vez recibí: que Cristo murió por nuestros pecados, que fue sepultado y que resucitó al tercer día según las Escrituras" (1 Co 15,3-4).

Pablo enumera una serie de apariciones: a Pedro, a los Doce, a más de quinientos hermanos a la vez, y finalmente a él mismo. No se trata de una visión privada, sino de una experiencia compartida por muchos, afirma. Esta cadena de transmisión fue central para dar legitimidad al mensaje cristiano y evitar su disolución en el caos de las sectas apocalípticas del momento.

Ahora bien, Pablo no describe un cuerpo físico reanimado, sino un "cuerpo espiritual". Esta expresión ha dado pie a interpretaciones místicas o simbólicas, pero en el contexto judío del siglo I, el término no implicaba una negación de la realidad, sino una transformación de la corporalidad, una forma de existencia glorificada.

La tumba vacía: ¿realidad o construcción mítica?

¿Existió realmente una tumba vacía? Los estudios históricos contemporáneos están divididos. Algunos, como John P. Meier, sostienen que hay "un grado razonable de verosimilitud histórica" en la sepultura de Jesús por parte de José de Arimatea, miembro del Sanedrín. La ubicación del sepulcro, cerca del

Gólgota y propiedad privada, cuadraría con las costumbres funerarias judías. Otros, como Bart D. Ehrman, son más escépticos: plantean que los ajusticiados por crucifixión rara vez recibían sepultura digna, y que la historia de la tumba podría haber sido una elaboración teológica posterior, diseñada para reforzar la fe en la resurrección.

Sin embargo, incluso entre los críticos, pocos niegan que algo ocurrió tras la crucifixión que convenció a los discípulos —desmoralizados y temerosos— de que Jesús seguía vivo. El argumento más fuerte para la historicidad de la resurrección, según muchos historiadores, es precisamente la transformación radical del grupo de seguidores y su disposición a morir por esa creencia.

Evidencias arqueológicas: ¿hay alguna prueba física?

Desde el siglo XIX, arqueólogos e investigadores han buscado pruebas tangibles de la resurrección de Jesús. Algunos han señalado el Santo Sepulcro en Jerusalén como la tumba más probable, basado en tradiciones que se remontan al siglo IV. Otros han investigado la llamada Tumba del Jardín, popular entre protestantes, aunque sin respaldo arqueológico firme.

Más controvertida es la Sábana Santa de Turín, que algunos identifican como el lienzo funerario de Jesús. Aunque su datación por carbono 14 la sitúa entre los siglos XIII y XIV, otros estudios sobre polen, sangre y formación de imagen han mantenido vivo el debate. Pero incluso si fuera auténtica, no demostraría la resurrección: la fe no se mide por espectroscopía. Advirtió el historiador Geza Vermes: "La tumba vacía no prueba la resurrección. Solo prueba que el cuerpo no estaba allí".

La resurrección como fenómeno de fe

Más allá de las pruebas empíricas, la resurrección pertenece —y así lo entendieron los primeros cristianos— al ámbito de la fe. No como un acto de credulidad ciega, sino como una respuesta ante un misterio que desborda lo histórico sin negarlo. La resurrección no es un dato más, sino una clave hermenéutica: da sentido a la vida, muerte y mensaje de Jesús.

Para los creyentes, la resurrección no es solo el regreso de un muerto a la vida, sino la irrupción de un nuevo tipo de existencia, anticipación de una transformación radical del mundo. Afirma el teólogo Wolfhart Pannenberg: "Si Jesús no resucitó, no hay razón para tomarlo en serio. Pero si resucitó, entonces todo cambia".

El debate continúa. Y tal vez debe continuar. Porque en esa tensión entre historia y fe, entre escándalo y esperanza, reside la fuerza única de esta pregunta. Pregunta que no puede responderse sólo con documentos, excavaciones o análisis químicos, sino —como siempre— desde la experiencia íntima y el compromiso personal.

18. ¿*Loco, profeta o Dios?*: *Las tres hipótesis y sus implicaciones*

Desde hace más de dos mil años, Jesús de Nazaret ha suscitado una pregunta tan fascinante como desconcertante: ¿quién fue realmente este hombre que predicó en los caminos polvorientos de Galilea, desafió a las autoridades religiosas y murió en una cruz romana? ¿Fue un iluminado delirante, un profeta radical o, como creyeron sus seguidores, el mismísimo Hijo de Dios?

Albert Schweitzer, médico, músico y teólogo, afirmó en su monumental obra *La búsqueda del Jesús histórico*: "Cada generación encuentra en Jesús la imagen de lo que más anhela o más teme".

A continuación, exploramos las tres principales hipótesis que han marcado el debate moderno sobre la identidad de Jesús, y las consecuencias de cada una.

Jesús como visionario desquiciado: tesis psiquiátricas modernas

Desde el auge de la psiquiatría en el siglo XIX, algunos estudiosos han intentado explicar la figura de Jesús como la de un enfermo mental. La teoría sostiene que sus afirmaciones extraordinarias –ser uno con Dios, anunciar el juicio final, perdonar pecados en nombre propio– podrían corresponder a cuadros clínicos como esquizofrenia, delirio mesiánico o trastorno bipolar.

En 1908, el psiquiatra alemán Emil Rasmussen propuso que Jesús sufría un delirio de grandeza. En 1912, Oskar Panizza fue más allá y afirmó que todo el cristianismo surgía de una alucinación colectiva iniciada por un loco. En el siglo XX, algunos autores como William Hirsch o Charles Binet-Sanglé retomaron la hipótesis, aunque sin acceso a datos clínicos reales, sino basándose en los evangelios como si fuesen historiales médicos.

Sin embargo, la mayoría de los expertos actuales rechazan estas interpretaciones por reduccionistas y anacrónicas. Señala el teólogo y psiquiatra Pablo Martínez Vila:

"No es posible diagnosticar retroactivamente a una figura histórica con criterios modernos, y mucho menos con textos religiosos como única fuente".

Además, la coherencia de su mensaje, su agudo sentido ético, su dominio del lenguaje simbólico y su capacidad para inspirar a miles sin recurrir a la violencia contradicen el perfil típico de un enfermo mental grave.

Jesús como profeta escatológico: el maestro apocalíptico

Una hipótesis ampliamente respaldada por los historiadores modernos es la del Jesús profeta escatológico, es decir, un predicador judío del siglo I que anunciaba la inminente llegada del Reino de Dios, entendido como un acto decisivo de intervención divina en la historia.

Esta visión fue desarrollada, entre otros, por Albert Schweitzer y más recientemente por estudiosos como E. P. Sanders, Geza Vermes o Bart D. Ehrman. Según esta interpretación, Jesús no se presentó a sí mismo como divino, sino como el último heraldo antes del fin, en línea con otros profetas como Juan el Bautista. Su mensaje apelaba a la conversión urgente, al perdón, a la justicia, y su confrontación con las autoridades se debió a que rompía las estructuras del orden social y religioso establecido.

Esta perspectiva resitúa a Jesús plenamente dentro del judaísmo del Segundo Templo. No fue un hereje ni un fundador de religión, sino un renovador escatológico cuya muerte en la cruz frustró sus expectativas inmediatas, pero fue reinterpretada por sus seguidores como el inicio de un Reino espiritual. Escribe Geza Vermes: "Jesús fue un judío carismático, un sanador popular y un maestro de parábolas que creyó estar cumpliendo una misión profética en el marco de la historia de su pueblo". Esta lectura histórica no niega su profundidad espiritual, pero evita atribuirle rasgos sobrenaturales, lo que ha llevado a tensiones con la doctrina cristiana tradicional.

JESÚS COMO HIJO DE DIOS: EL GIRO TEOLÓGICO DE LOS PRIMEROS CRISTIANOS

La tercera hipótesis es la afirmación central del cristianismo: que Jesús no fue solo un maestro, sino el Hijo de Dios encarnado, cuya muerte y resurrección traen la salvación al mundo. Esta visión no fue proclamada de forma sistemática por Jesús mismo (según muchos estudiosos), sino desarrollada por sus seguidores tras su muerte, especialmente en las comunidades paulinas y joánicas.

Las cartas de Pablo, escritas solo unas décadas después de la crucifixión, ya lo llaman "Señor" y "Cristo", e interpretan su muerte como un acto redentor. El evangelio de Juan, más tardío, lo presenta como el Verbo eterno hecho carne: "En el principio era el Verbo, y el Verbo era con Dios, y el Verbo era Dios" (Jn 1,1).

Este giro teológico implicó un salto radical: de la figura de un profeta judío al centro de una fe universal. ¿Cómo se explica este cambio? Algunos lo atribuyen a experiencias místicas pospascuales; otros, a una necesidad de reafirmar la fe en un contexto de persecución y derrota. Lo cierto es que esta interpretación fue la que triunfó, dio forma a los credos, definió concilios y modeló la civilización occidental. Señala el teólogo Karl Rahner: "La afirmación de que Jesús es Dios no es una fórmula mágica, sino la expresión de una experiencia radical de sentido en medio del absurdo".

Análisis comparado con otros líderes espirituales

Para ampliar el panorama, puede ser útil comparar a Jesús con otras figuras religiosas. Buda, por ejemplo, también enseñó un camino de liberación y fue elevado por sus seguidores a una dimensión superior, pero nunca se proclamó único ni divino. Mahoma, en el islam, es profeta, no Dios. En cambio, Jesús ha sido presentado por la tradición cristiana como plenamente humano y plenamente divino, una afirmación sin paralelo claro en otras religiones.

Además, su mensaje fue radicalmente subversivo: amar a los enemigos, perdonar setenta veces siete, no juzgar al otro, dar la vida por los amigos. Estas enseñanzas siguen teniendo una fuerza ética arrolladora. Como dijo el historiador Yuval Noah Harari:

"Jesús inventó la idea de que amar a los débiles es un ideal superior. Esta visión cambió el mundo".

¿Fue loco, profeta o Dios? Tal vez fue las tres cosas… o ninguna de ellas como las entendemos hoy. La historia no puede resolverlo del todo. Pero sí puede ayudarnos a discernir las capas, las construcciones, los silencios y las intenciones que rodean a su figura. Y en ese proceso, cada lector —creyente, escéptico o buscador— debe volver a hacerse la pregunta con la que Jesús mismo interpeló a sus discípulos:

"Y vosotros, ¿quién decís que soy yo?" (Mc 8,29).

19. Jesús bajo el microscopio: Lo que dicen la historia, la arqueología y la teología

La figura de Jesús ha sido fuente de fe para millones, pero también objeto de escrutinio riguroso. A lo largo de los siglos, su imagen ha sido moldeada por la tradición, la iconografía, la liturgia y la interpretación doctrinal. Sin embargo, desde el siglo XIX, con el auge de los estudios bíblicos críticos, surgió una nueva pregunta: ¿qué podemos saber históricamente sobre Jesús, más allá del dogma? ¿Y qué nos dicen la arqueología y la teología contemporánea sobre el hombre de Galilea?

Escribió el teólogo alemán Rudolf Bultmann: "No se puede usar la electricidad y los antibióticos y al mismo tiempo creer en el mundo de los espíritus del Nuevo Testamento sin hacerse preguntas". Este capítulo se propone abordar esas preguntas con honestidad intelectual y respeto por todas las miradas.

¿Existió realmente Jesús?

La primera cuestión puede parecer obvia para muchos, pero ha sido planteada por voces escépticas: ¿existió Jesús de Nazaret como figura histórica? La gran mayoría de los historiadores serios, tanto creyentes como agnósticos, responde afirmativamente. Jesús es mencionado no solo en los evangelios sino también en fuentes no cristianas, como:

- Flavio Josefo, historiador judío del siglo I, quien se refiere a Jesús en dos pasajes de sus *Antigüedades judías*. Uno de ellos (el llamado *Testimonium Flavianum*) ha sido debatido por posibles interpolaciones cristianas, pero su núcleo es considerado auténtico por muchos expertos.

- Tácito, historiador romano, menciona que Cristo fue ejecutado durante el gobierno de Poncio Pilato en tiempos de Tiberio (*Anales*, XV, 44).

- Plinio el Joven, gobernador romano, describe a los cristianos como seguidores de "Cristo", a quien adoraban "como a un dios".

- Suetonio, aunque de forma ambigua, también menciona disturbios en Roma atribuidos a los "seguidores de Chrestus".

Estos textos, aunque breves y externos al cristianismo, son relevantes por su independencia y proximidad temporal. Como afirma John P. Meier, autor de la serie *Un judío mar-*

ginal: "La negación de la existencia histórica de Jesús no es una posición académicamente respetable".

La arqueología bíblica ha progresado notablemente en las últimas décadas, revelando un contexto material que confirma la plausibilidad del relato evangélico, aunque no pueda probar eventos sobrenaturales. Por ejemplo:

- Se han excavado restos en Nazaret, que era un pequeño poblado en el siglo I, confirmando que existía una comunidad rural pobre, como la que los evangelios describen.

- En Cafarnaúm se han encontrado ruinas de lo que pudo ser la casa de Pedro, convertida luego en lugar de culto.

- En Jerusalén, se ha identificado el pavimento del pretorio y el litóstrotos, que coinciden con la descripción del lugar donde Jesús fue juzgado.

- El *ossuario* de Santiago, descubierto en 2002 y con inscripción aramea que reza "Santiago, hijo de José, hermano de Jesús", sigue generando debate, aunque algunos lo consideran evidencia de su historicidad familiar.

- En cuanto a la crucifixión, el hallazgo de un talón perforado con clavo en una tumba del siglo I demuestra que el método descrito en los evangelios era realmente practicado.

No obstante, la arqueología no puede probar la resurrección, los milagros o los discursos exactos. Su valor está en ofrecer contexto, verosimilitud histórica y materialidad al mundo de Jesús. Señala el arqueólogo Eric H. Cline: "La arqueología no valida ni invalida la fe. Ayuda a reconstruir el escenario donde aquella historia ocurrió".

El Jesús histórico frente al Cristo de la fe

Uno de los debates centrales gira en torno a la distinción entre el Jesús histórico (el predicador galileo del siglo I) y el Cristo de la fe (el Mesías resucitado y salvador). Esta diferencia fue propuesta con fuerza por el movimiento del *Jesus Seminar* y autores como John Dominic Crossan o Marcus Borg.

El Jesús histórico, reconstruido mediante métodos críticos, es un maestro judío, profeta escatológico, sanador marginal o reformador ético, según el enfoque. El Cristo de la fe, en cambio, es el resultado de una reinterpretación teológica pospascual, elaborada por sus discípulos y las primeras comunidades cristianas.

Esta distinción ha causado incomodidad en ciertos sectores eclesiales, pero es útil para comprender el desarrollo doctrinal y la pluralidad de cristologías en los primeros siglos. Escribió Raymond E. Brown: "La fe cristiana no niega al Jesús histórico, pero tampoco se agota en él".

Los evangelios mismos son ya teologías narradas, no crónicas objetivas. Por ello, reconocer esa construcción no implica negar la autenticidad espiritual del mensaje.

Debate entre teólogos, agnósticos y escépticos

El siglo XXI ha traído un renovado interés por la figura de Jesús desde posiciones muy diversas. Entre los teólogos cristianos, se ha buscado una integración entre crítica histórica y experiencia de fe. Hans Küng, por ejemplo, abogó por una "fe honesta", que no se opone a la razón sino que la asume.

Entre los agnósticos y escépticos, voces como Bart D. Ehrman, exevangélico y especialista en textos cristianos primitivos, sostienen que Jesús fue un predicador apocalíptico judío que nunca pretendió fundar una nueva religión, y que los dogmas posteriores deben leerse en su evolución histórica.

Richard Dawkins, en cambio, desde una postura más radical, afirma:

"Jesús fue sin duda una figura moral admirable, pero la religión que se fundó en su nombre ha producido tanto bien como daño".

Este debate abierto, plural, a veces tenso, es en sí mismo testimonio de la enorme resonancia que sigue teniendo la figura de Jesús. Pocos personajes han generado tanto consenso sobre su existencia... y tanta controversia sobre su significado.

Jesús de Nazaret sigue desafiando los métodos de la historia, los hallazgos de la arqueología y las categorías de la teología. Como figura histórica, fue un judío del siglo I; como figura simbólica, ha sido apropiado y reinterpretado por generaciones. Y como figura espiritual, continúa inspirando fe, arte, ética y revolución.

No hay una única respuesta definitiva, pero sí una certeza compartida: Jesús cambió el mundo. Y el mundo, todavía, no ha terminado de entenderlo.

EPÍLOGO

EL REBELDE ETERNO

¿Qué queda de Jesús en el siglo XXI?

Dos mil años después de su ejecución en una provincia periférica del Imperio romano, el nombre de Jesús sigue resonando en todo el planeta. Se invoca en los templos, se discute en las universidades, se caricaturiza en redes sociales, se cita en canciones, se invoca en revoluciones. Jesús incomoda, inspira, divide. ¿Qué otra figura histórica ha dejado tal huella?

En un mundo secularizado, donde los dogmas religiosos han perdido parte de su influencia institucional, su figura sigue de pie. Advirtió el filósofo italiano Gianni Vattimo: "El cristianismo no ha muerto. Ha sido devuelto a su escándalo original". Ese escándalo es la vida de un hombre que predicó el amor a los enemigos, que comió con marginados, que tocó a los impuros, que no fundó una religión, sino una forma radical de estar en el mundo.

La figura de Jesús ha sido adoptada por creyentes de distintas confesiones, por agnósticos que lo admiran como maestro moral, por activistas sociales, por artistas y escritores. Ha sido convertido en bandera y también en mercancía. Su rostro aparece en crucifijos y camisetas, en retablos y grafitis, en oraciones y en memes. La pregunta entonces es: ¿qué queda *realmente* de él? Queda, sobre todo, una memoria viva que atraviesa credos y fronteras. Como afirma José Antonio Pagola: "Jesús no pertenece solo a los cristianos. Pertenece a todos los que buscan con sinceridad la verdad, la justicia y el amor".

Más allá de los concilios, los credos y las instituciones, hay un mensaje que parece resistir el desgaste del tiempo: la centralidad de la compasión. Jesús no dejó escritos, ni leyes, ni tratados teológicos. Dejó gestos. Dejó un modo de actuar. Dejó preguntas, no respuestas cerradas.

Su ética fue escandalosa: "Bienaventurados los pobres", "el que quiera ser el primero, que se haga el último", "perdona hasta setenta veces siete", "lo que hiciste al más pequeño, a mí me lo hiciste". Frases que, despojadas de su pátina religiosa, siguen siendo provocadoras. Ese mensaje ha sido a menudo traicionado. En su nombre se han alzado cruzadas, inquisiciones, conquistas, abusos. Pero también, en su nombre, se han fundado hospitales, se han defendido esclavos, se ha abrazado a los leprosos, se ha arriesgado la vida por los pobres. Como escribió Albert Schweitzer: "Jesús vino a traer la espada. Y esa espada, paradójicamente, es el amor radical que divide a quienes se atreven de quienes se acomodan".

¿Y si Jesús regresara hoy... lo reconocería el mundo? Quizá esta es la pregunta más incómoda: si Jesús de Nazaret volviera hoy, ¿lo acogeríamos... o lo crucificaríamos de nuevo? ¿Lo encontraríamos en una catedral o en un campo de refugiados? ¿En un púlpito o entre los sin techo? ¿Lo oiríamos predicar en redes sociales... o silenciado por el algoritmo? Tal vez sería arrestado por alterar el orden público, por provocar a los poderosos, por entrar en los bancos y volcar las mesas. Porque Jesús fue, esencialmente, un disidente. Un hombre que vivió al margen del poder, que incomodó a las jerarquías, que desafió los límites impuestos por la religión y la ley. Y esa disidencia es hoy más necesaria que nunca.

Su mensaje no es patrimonio exclusivo de ninguna iglesia, ni de ningún credo, ni siquiera de quienes se dicen sus seguidores. Su mensaje nos pertenece a todos... y nos interpela. Dejó escrito Simone Weil, filósofa agnóstica y mística del siglo XX:

"Jesús no pide ser adorado. Pide ser imitado".

Jesús de Nazaret no fue un personaje fácil. No lo es ahora. Fue un hombre libre, rebelde, profundamente humano. Su figura escapa a las definiciones religiosas, filosóficas o políticas. Por eso, sigue vivo.

En él, lo divino y lo humano se abrazan, no en un dogma, sino en un gesto: un hombre de carne y hueso que se atrevió a amar sin medida, incluso cuando eso lo llevó a la cruz.

APÉNDICES

A. Cronología de la vida de Jesús

"El tiempo de Jesús no fue el nuestro, pero su historia sigue tocando cada minuto del presente".

Antes del nacimiento

c. 7–6 a.C.

Decreto de César Augusto sobre el censo en todo el imperio (Lucas 2,1). Esta fecha coincide con el reinado de Herodes el Grande, quien murió en el año 4 a.C., lo que sugiere que Jesús nació antes del año 1 d.C.

Nacimiento e infancia

c. 6–4 a.C.
Nacimiento de Jesús en Belén de Judea. Los relatos de Mateo y Lucas ubican su nacimiento durante el reinado de Herodes. La fecha tradicional del 25 de diciembre fue fijada siglos después y no tiene base histórica.

c. 4 a.C.
Huida a Egipto tras la persecución de Herodes (según el Evangelio de Mateo). Luego, regreso a Nazaret tras la muerte del monarca.

c. 6–7 d.C.
Jesús en el templo con 12 años. Según Lucas 2, Jesús discute con los doctores de la

ley en Jerusalén, revelando una precocidad espiritual inusual.

Años ocultos

c. 7–26 d.C.
Vida oculta en Nazaret. Este periodo es el más desconocido de su biografía. Posiblemente trabajó como "tekton" (constructor o artesano), siguiendo el oficio de su padre adoptivo, José. No hay registros históricos o bíblicos sobre este tiempo.

Despertar y vida pública

c. 27–28 d.C.
Bautismo de Jesús por Juan el Bautista en el Jordán. Este momento marca simbólicamente el inicio de su misión pública.

c. 27–30 d.C.
Ministerio público: predicación en Galilea, sanaciones, exorcismos, parábolas, confrontaciones con autoridades religiosas. Reúne discípulos y forma un grupo itinerante. Sus actos y enseñanzas lo hacen cada vez más influyente… y peligroso.

Semana final en Jerusalén

c. año 30 d.C. (abril)

Entrada en Jerusalén durante la fiesta de la Pascua. Jesús realiza acciones simbólicas que lo colocan en el centro del conflicto religioso y político:

- **Purificación del Templo**
- **Última Cena** con sus discípulos
- **Oración en Getsemaní**
- **Arresto y juicio ante el Sanedrín y Pilato**

Pasión y resurrección

c. 7 de abril del año 30 d.C. (según cálculos astronómicos y evangélicos)

Crucifixión de Jesús en el Gólgota, bajo orden del prefecto romano Poncio Pilato. Murió como reo político, acusado de sedición por proclamarse "Rey de los judíos".

Domingo posterior (9 de abril aprox.)

Descubrimiento de la tumba vacía y primeras apariciones a sus seguidores. Estas experiencias dan inicio a la proclamación de la resurrección y al nacimiento de la comunidad cristiana.

Después de Jesús

c. 30–33 d.C.

Expansión del mensaje de Jesús por parte de los discípulos, en especial Pedro, Santiago (su hermano) y, más tarde, Pablo de Tarso. El movimiento comienza en Jerusalén y se difunde hacia Asia Menor y el Mediterráneo.

Notas finales

- Las fechas son aproximadas y sujetas a debate académico.

- El calendario gregoriano (establecido en 1582) se basa en un error de cálculo del monje Dionisio el Exiguo en el siglo VI, lo que explica la diferencia entre el "año 0" y la cronología histórica real.

- La mayoría de estudiosos sitúan la muerte de Jesús entre los años **30 y 33 d.C.**, coincidiendo con los mandatos de Poncio Pilato (26–36 d.C.) y Caifás (sumo sacerdote entre 18–36 d.C.).

Apéndice B

Glosario de términos clave

- **Apócrifos**: Textos religiosos o narrativos relacionados con figuras bíblicas que no fueron incluidos en el canon oficial de la Biblia. Algunos ofrecen relatos sobre la infancia de Jesús o el destino de sus discípulos. El término proviene del griego *apokryphos* ("oculto"), y su valor es objeto de debate entre teólogos e historiadores.

- **Bautismo**: Ritual de inmersión en agua practicado en el judaísmo del Segundo Templo como signo de purificación. En el cristianismo, simboliza el inicio de la vida espiritual. Jesús fue bautizado por Juan el Bautista en el Jordán, marcando el comienzo de su vida pública.

- **Cristo**: Título derivado del griego *Christós*, equivalente al hebreo *Mesías* ("ungido"). En los evangelios, se aplica a Jesús como cumplimiento de las esperanzas mesiánicas del judaísmo.

- **Discípulo**: Aprendiz o seguidor de un maestro. Jesús reunió un círculo de discípulos, tanto hombres como mujeres, a quienes enseñó y envió a predicar. Doce de ellos son reconocidos como apóstoles.

- **Evangelio**: Del griego *euangélion*, significa "buena noticia". En el cristianismo, designa tanto el mensaje de salvación como los textos que relatan la vida y enseñanzas de Jesús: los evangelios según Mateo, Marcos, Lucas y Juan, redactados entre el 65 y el 100 d.C.

- **Fariseos**: Grupo judío influyente en tiempos de Jesús, conocidos por su rigurosa observancia de la Ley y su interpretación oral de la Torá. Aunque el Nuevo Testamento los presenta a menudo como opositores de Jesús, investigaciones recientes matizan esa imagen.

- **Galilea**: Región del norte de Palestina donde Jesús pasó la mayor parte de su vida. Tierra rural y marginada, bajo dominio romano, era considerada culturalmente periférica respecto a Judea y Jerusalén.

- **Herodes el Grande**: Rey cliente de Roma que gobernó Judea (37–4 a.C.). Famoso por sus grandes construcciones (incluido el Templo de Jerusalén), es recordado en los evangelios por la matanza de los inocentes, aunque el hecho carece de confirmación histórica fuera del texto bíblico.

- **Jesús histórico**: Término utilizado por estudiosos para referirse al hombre de carne y hueso que vivió en Palestina en el siglo I, antes de ser interpretado como figura divina por el cristianismo primitivo.

- **Levita**: Miembro de la tribu de Leví, responsable del culto y los servicios en el Templo de Jerusalén. En tiempos de Jesús, gozaban de prestigio religioso y social.

- **Mesías**: Término hebreo (*mashíaj*) que significa "ungido". En el judaísmo del Segundo Templo, era esperado como un líder liberador, rey o sacerdote enviado por Dios. Jesús reinterpretó esta figura como un siervo sufriente y no como un caudillo político.

- **Nazaret**: Aldea de Galilea, lugar de residencia de la familia de Jesús. No mencionada en fuentes extrabíblicas de la época, era una localidad modesta, incluso despreciada ("¿De Nazaret puede salir algo bueno?", Juan 1,46).

- **Parábola**: Relato simbólico utilizado por Jesús para transmitir enseñanzas espirituales o éticas. Están presentes en todos los evangelios sinópticos y son uno de los rasgos distintivos de su estilo pedagógico.

- **Parusía**: Término griego que significa "presencia" o "venida". En el contexto cristiano, hace referencia al retorno glorioso de Cristo al final de los tiempos.

- **Pasión**: Conjunto de hechos que rodean la detención, juicio, tortura, crucifixión y muerte de Jesús. Relatada con gran detalle en los evangelios, es el núcleo del relato cristiano de salvación.

- **Pontius Pilato**: Procurador romano de Judea entre los años 26 y 36 d.C. Ordenó la crucifixión de Jesús. Fuentes judías y romanas lo describen como un gobernador rígido y brutal.

- **Reino de Dios**: Concepto central en la predicación de Jesús. No se refiere a un territorio político, sino a una realidad espiritual, ética y escatológica donde rige la justicia, la misericordia y el amor de Dios.

- **Resurrección**: Creencia en que Jesús, tras su muerte, volvió a la vida. Constituye el núcleo de la fe cristiana primitiva. Interpretada como hecho literal, simbólico o espiritual, según las distintas corrientes teológicas.

- **Sanedrín**: Consejo supremo de autoridades religiosas judías, con sede en Jerusalén. Tenía funciones jurídicas y políticas internas. Según los evangelios, fue uno de los órganos que juzgó a Jesús.

- **Saduceos**: Grupo aristocrático judío, conservador en lo religioso, que solo aceptaba la Torá escrita. Colaboraban con Roma y estaban asociados al Templo. A menudo enfrentados con los fariseos y con el movimiento de Jesús.

- **Torá**: Ley hebrea, también conocida como Pentateuco (los cinco primeros libros de la Biblia). Centro de la vida religiosa judía. Jesús se formó en ella y la citó con frecuencia, aunque también la reinterpretó radicalmente.

- **Zelotas**: Grupo radical judío que promovía la resistencia armada contra Roma. Algunos estudiosos han debatido si Jesús simpatizaba con sus causas, aunque el Nuevo Testamento lo presenta como ajeno a la violencia política.

Apéndice C.

Principales textos apócrifos mencionados

"Muchos han intentado escribir la vida de Jesús... no solo los evangelistas que conocemos, sino también quienes buscaron llenar los silencios, imaginar lo oculto o reinterpretar lo revelado".

1. Evangelio de Tomás

- **Fecha estimada**: c. 50–150 d.C.
- **Idioma original**: griego (conservado en copto)
- **Contenido**: Colección de 114 dichos atribuidos a Jesús, muchos de ellos similares a los evangelios sinópticos, pero otros de fuerte tono gnóstico. No contiene narración de milagros ni pasión.
- **Frase destacada**: "El Reino está dentro de vosotros y fuera de vosotros".
- **Importancia**: Considerado uno de los textos más antiguos del cristianismo primitivo, ofrece una visión mística y sapiencial de Jesús.

2. Evangelio de Pedro

- **Fecha estimada**: c. 100–150 d.C.
- **Idioma**: griego

- **Contenido**: Relato parcial de la pasión y resurrección de Jesús, con elementos legendarios (una cruz parlante, una tumba custodiada por multitudes).

- **Particularidad**: Presenta una narrativa más dramática y elaborada que los evangelios canónicos.

- **Recepción**: Rechazado por la Iglesia primitiva por su docetismo (idea de que Jesús no sufrió realmente).

3. Evangelio de la infancia de Tomás

- **Fecha estimada**: c. siglo II
- **Idioma**: griego
- **Contenido**: Relata episodios de la infancia de Jesús entre los 5 y los 12 años, con anécdotas fantásticas: modela gorriones de barro y les da vida, maldice a niños que lo ofenden, pero también realiza sanaciones.
- **Valor literario**: Más imaginativo que teológico, intenta llenar el vacío de los evangelios sobre la niñez de Jesús.
- **Tono**: Ambiguo, mezcla lo divino con lo caprichoso.

4. Protoevangelio de Santiago

- **Fecha estimada**: c. 150 d.C.
- **Idioma**: griego

- **Contenido**: Detalla la concepción y nacimiento de María, la infancia de Jesús y el nacimiento virginal. Introduce personajes como las parteras del nacimiento y desarrolla la figura de José como anciano viudo.
- **Importancia**: Fuente clave para el dogma mariano y la iconografía cristiana posterior.
- **Influencia**: Inspiró tradiciones navideñas, liturgia ortodoxa y arte medieval.

5. Evangelio de Felipe

- **Fecha estimada**: c. siglo III
- **Idioma**: copto (traducción del griego)
- **Contenido**: Texto gnóstico que enfatiza la unión espiritual, el conocimiento esotérico y la relación entre Jesús y María Magdalena. Menciona un "beso" de Jesús a Magdalena que ha generado debate.
- **Interpretación**: Más teológico que narrativo, representa la cosmovisión gnóstica sobre la redención.

6. Evangelio de María (Magdalena)

- **Fecha estimada**: c. siglo II
- **Idioma**: copto y fragmentos en griego
- **Contenido**: Narra la enseñanza de Jesús a María Magdalena después de su resurrección. Ella interpreta visiones y enseña a los discípulos, que dudan de su autoridad.

- **Frase clave**: "Donde está la mente, allí está el tesoro".
- **Relevancia**: Presenta a Magdalena como líder espiritual, desafiando el rol masculino dominante en los textos canónicos.

7. Evangelio de Judas

- **Fecha estimada**: c. siglo II (copto encontrado en códice del siglo IV)
- **Idioma**: copto (traducido del griego)
- **Contenido**: Relata una conversación entre Jesús y Judas, presentando al traidor como colaborador consciente del plan divino. Jesús se burla de los demás discípulos y revela secretos solo a Judas.
- **Controversia**: Reinterpreta radicalmente la figura de Judas, más como elegido que como traidor.
- **Postura eclesiástica**: Considerado herético por su visión contraria a los evangelios canónicos.

8. Hechos de Pilato (Evangelio de Nicodemo)

- **Fecha estimada**: siglo IV
- **Idioma**: latín y griego
- **Contenido**: Desarrolla el juicio de Jesús ante Pilato y la bajada de Jesús a los infier-

nos. Es una ampliación legendaria del relato pasionista.

- **Influencia**: Tuvo gran difusión en la Edad Media. Inspiró numerosos dramas litúrgicos y textos devocionales.

9. HECHOS DE PEDRO Y OTROS APÓSTOLES

- **Fecha estimada**: siglo II en adelante
- **Contenido**: Relatos hagiográficos que glorifican las vidas, milagros y martirios de los discípulos de Jesús. A menudo presentan elementos sobrenaturales, como serpientes parlantes o resurrecciones espectaculares.
- **Uso**: Aunque no fiables como fuentes históricas, muestran cómo los primeros cristianos entendían la autoridad apostólica y el poder del testimonio.

10. APOCALIPSIS DE PEDRO

- **Fecha estimada**: c. siglo II
- **Contenido**: Descripción de visiones del juicio final y los tormentos del infierno. Fue citado por algunos Padres de la Iglesia, aunque no fue incluido en el canon.
- **Valor simbólico**: Su imaginería influyó en obras posteriores como la *Divina Comedia* de Dante.

Nota final sobre los apócrifos

Estos textos, aunque no forman parte del canon bíblico oficial (católico o protestante), ofrecen una ventana invaluable al imaginario religioso, las controversias doctrinales y las distintas corrientes que convivieron en los siglos I a III. Algunos fueron rechazados por motivos teológicos, otros por falta de conexión apostólica, pero todos revelan el poder narrativo y simbólico que rodeó desde temprano a la figura de Jesús.

BIBLIOGRAFÍA

Allison, Dale C. *Constructing Jesus: Memory, Imagination, and History.* Grand Rapids, Michigan: Baker Academic, 2010.

Barbaglio, Giuseppe. *Jesús de Nazaret: Historia y cristología.* Santander: Sal Terrae, 1982.

Barrado Barquilla, Daniel. *Jesús: Aproximación histórica.* Madrid: Biblioteca de Autores Cristianos (BAC), 2016.

Borg, Marcus J. *Jesus: A New Vision.* San Francisco: HarperSanFrancisco, 1987.

Bornkamm, Günther. *Jesús de Nazaret.* Madrid: Cristiandad, 1973.

Brown, Raymond E. *El nacimiento del Mesías.* Madrid: Ediciones Cristiandad, 1980.

Brown, Raymond E. *La muerte del Mesías* (2 vols.). Madrid: Ediciones Cristiandad, 1997.

Crossan, John Dominic. *Jesus: A Revolutionary Biography.* San Francisco: HarperSanFrancisco, 1994.

Crossan, John Dominic. *The Historical Jesus: The Life of a Mediterranean Jewish Peasant.* San Francisco: HarperSanFrancisco, 1991.

Dunn, James D. G. *Jesús recordado: Cristianismo en sus comienzos.* Estella: Verbo Divino, 2010.

Ehrman, Bart D. *Did Jesus Exist? The Historical Argument for Jesus of Nazareth.* New York: HarperOne, 2012.

Ehrman, Bart D. *Jesús, ¿existió realmente?.* Madrid: Editorial Critica, 2014.

Fredriksen, Paula. *Jesus of Nazareth, King of the Jews.* New York: Alfred A. Knopf, 1999.

Galilea, Segundo. *Jesús, el Señor.* Madrid: Ediciones Paulinas, 1981.

García Bazán, Francisco. *Jesús el Nazareno y los cristianismos primitivos.* Buenos Aires: Ediciones del Signo, 2004.

González Faus, José I. *La humanidad nueva: Ensayo de cristología.* Santander: Sal Terrae, 1989.

Jeremias, Joachim. *Jerusalén en tiempos de Jesús.* Salamanca: Sígueme, 1981.

Jeremias, Joachim. *La predicación de Jesús: Teología del Nuevo Testamento.* Salamanca: Sígueme, 1971.

Kasper, Walter. *Jesús, el Cristo.* Salamanca: Sígueme, 1976.

Lohfink, Gerhard. *Jesús de Nazaret: ¿Qué quiso? ¿Quién fue?.* Santander: Sal Terrae, 2013.

Martínez, José Luis. *Jesús: Biografía no autorizada.* Madrid: Akal, 2017.

Martínez Gordo, Miguel. *El enigma Jesús: Entre la fe y la historia.* Bilbao: Desclée de Brouwer, 2012.

Meier, John P. *A Marginal Jew: Rethinking the Historical Jesus* (5 vols.). New Haven: Yale University Press, 1991–2016.

Pagola, José Antonio. *Jesús. Aproximación histórica.* Madrid: PPC, 2007.

Pikaza, Xabier. *Jesús: El hombre en quien habitó Dios.* Madrid: Editorial Trotta, 2012.

Sanders, E. P. *The Historical Figure of Jesus.* London: Penguin Books, 1993.

Theissen, Gerd y Merz, Annette. *El Jesús histórico: Manual.* Salamanca: Sígueme, 1999.

Vielhauer, Philipp. *Historia de la literatura cristiana primitiva.* Salamanca: Sígueme, 1979.